Why
Not
Me?

PINAK

Pinak.
♡

Readers' Praise for *Why Not Me?*

'Ye ek bahaut achhi book hain ... Agar koi apni life mein aagey nahi badh paa raha hain to ussey aagey badhne ki seekh milegi. Aur haan, life itni bhi kharab nahi hain ki hum kisi ek ke chale jaane se life ka the end kardein. Thank you so much for writing this book.' — *Shalini Ojha*

'I read books regularly and this is the best book. Is book ne kaafi logo ko jawaab diye ke kaise apne aap ko upar rakho aur kaise apni life ko jiyo. "Waqt ko waqt do" is the best line ever. Thank you, Anubhav sir, for the great knowledge.' — *Shubham Shukla*

'Awesome novel, bro. Sahi mein millions ki feelings hain isme. Write more novels, bro. You can write about feelings everyone can relate to.' — *Sukhe Khaira*

'Mr Anubhav, you are a great writer. Aapne apni kamzori ko apni himmat banaya.♥' — *Dheeraj Goyal*

'Sach humesha kadva hota hain. But sach aakhir sach hi hota hai. This one is a must-read, especially for young and first-time lovers.' — *Aditi Grover*

'It was awesome. This story touched my heart ♥♥♥♥ u r superb. Itna sab kuch hone ke baad bhi u planned to make her feel special.' — *Riya*

'The first novel which I have read in my life ... the best novel. Bahaut cheezein seekhne ko mili ... love this book ♥♥' — *Komal Sardana*

'Awesome novel. I loved it very much, bahaut zyada emotional tha ... Thank you very much.' — *Nihal Kejriwal*

Why Not Me?

A Feeling of Millions

(Hinglish Edition)

ANUBHAV AGRAWAL

HarperCollins *Publishers* India

First published as an e-book by Anubhav Agrawal in 2020

English edition first published in 2020 by HarperCollins *Publishers*

This Hinglish edition first published in 2021 by

HarperCollins *Publishers*

Building No 10, Tower A, 4th Floor, DLF Cyber City, Phase II, Gurugram – 122002

www.harpercollins.co.in

2 4 6 8 10 9 7 5 3 1

P-ISBN: 978-93-9027-985-2

This is a work of non-fiction. Some names and identifying details have been changed to protect the privacy of the people involved.

Typeset in 11/15.2 Warnock Pro at
Manipal Technologies Limited, Manipal

contents

a note from the author   vii

1. kuch yoon thi zindagi   1
2. boards ki datesheet   5
3. woh pehli mulaqaat   9
4. kuch adhura chhut gaya   12
5. wo aayi, ek baar phir aayi   15
6. number exchange hue, magar dil nahi   20
7. izhaar-e-ishq   24
8. awaaz sunane ke liye bhi tadpaogi kya?   29
9. wo wapas aa gayi   34
10. 24 may 2012   39
11. unka deedar, kya din aa gaye the   44
12. woh din aakhiri tha, par mohabbat ka ant nahi   47
13. ummeedein guzarti gayi waqt ke saath   52
14. wo college ka pehla din   54
15. ab hadd hi ho gayi thi   58
16. nazdeekiya badhti gayi   62
17. jab ishq sar chad kar bolta hai   65
18. tum mohabbat nahi, ibaadat ho meri   68
19. eid ka chand   73

20. era ki dastak 77

21. unka deedar hona hi tha 81

22. ek haadsa hua 87

23. dosti ka patch up 94

24. wo haadsa chota saabit nahi hua 98

25. mri scan 103

26. zoya ka college mein pehla din 107

27. unki fikr, ek nasha 111

28. sab ke chehre khil uthe 116

29. yeh mere college ki duniya 121

30. badhti dooriyan 127

31. deenanath ki lassi, kuch seekh de gayi 132

32. zoya, itne behetreen tohfe ke liye shukriya 138

33. main toot gaya 145

34. zoya se pehli mulaqaat? 150

35. itna beshaumar pyaar, aur ye sila? 155

36. break-up mein closure bahaut zaroori 163

37. iwritewhatyoufeel 172

postscript 179

acknowledgements 181

about the author 183

a note from the author

♥

Mujhe aaj bhi yaad hai, wo 14 April 2020 thi jab maine decide kiya ki main ye book likhunga. Ye book mere dil ke bahaut kareeb thi tab hi se jab se maine kalam utha kar likhna shuru kiya tha. Isliye nahi kyunki ye meri kahaani hai, balki isliye, ye meri likhi hui pehli kitaab hai.

Maine kabhi socha bhi nahi tha ki main apni pehli kitaab mein apni kahaani likhunga. Ek aisi kahaani jo sirf meri nahi, kayi laakhon logo ki hai. Bas ek khayal aur zid ki likhni hai apni ek book, maine likhna shuru kiya.

Relationship mein hone ke bawajood bhi mere aur Choi (meri girlfriend) ke liye ye kaafi mushkil tha. Unke liye isliye, kyunki koi ladki nahi chahegi ki aap apne past ya ex ke baare mein kuch likhein. Aur mere liye bhi kyunki mujhe wo saari yaadon ko, un dhundli tasveero ko, ek baar phir saaf karna padta.

Lekin phir maine khud ko aur Choi ko ye samjhaya ki zaroori hai is kahaani ka bahar aana, kyunki aaj bhi aise log hain jo ek insaan ke samne apni beizzati karane ke baad bhi, dhokha khaane ke baad bhi, usi ke saath rehte hain, apni self-respect kho kar.

Likhte waqt mujhe ehsaas bhi nahi hua tha ki ye kuch chand panno ki kitaab hazaro logo ki soch ko badal degi aur unke dil par chaap chhod jayegi.

Teen mahine se bhi kam samay mein jab maine is book ke aakhiri lafz likh kar khatm kare to mujhe khud vishwaas nahi hua ki main ye kar paya. Raato ko din maan kar maine is book mein apne aap ko pura jhok diya.

Aur jis din maine announce kiya ki ye book 7 July ko aa rahi hai, main, aur mere parivaar ke saath hazaro log, intezaar karne lage 7 July 2020 ka.

Jis moment maine is book ko duniya ke samne pesh kiya, Amazon Kindle par 20 minutes ke andar *Why Not Me?* number one bestseller ban chuki thi, aur ye dekh kar mere aansu jaise thame hi nahi maano.

Logo ne purchase karte hi padhna shuru kar diya, aur kayi logo ne to 2 ghante mein is book ko padh dala. Aur jab maine logo ke beech itna pagalpan is book ko lekar dekha, unke chehre par muskaan is book ko lekar dekhi, to meri khushi ka thikana na raha.

Mujhe ummeed nahi thi ki itna shandaar response ayega. Wakayi mein, meri zindagi badal ke rakh di is book ne. Aur main shukrguzaar hoon mere Guruji ka jinhone mujhe itni himmat di, is layak banaya ki main ye book likh saka, is kahaani ko duniya ke samne la paya.

Launch kare hue 3 mahine beet chuke hain lekin jab koi padhte padhte raat ke 2 baje mujhe message kar ke batata hai ki unhe kitni khubsoorat lagi ye kitaab, to dil khushi se jhoomne lagta hai.

Rampur   Anubhav Agrawal
October 2020

kabhi kabhi beintehaan mohabbat bhi,
thodi reh jaati hai …

1

kuch yoon thi zindagi

♥

Zindagi! Ek sahi alfaaz hai apne bachpan ke dino ko bayaan karne ke liye. Chaar dost hua karte the, bekhauf ghuma phira karte the, aur ghar ke samne ground mein saara saara din khela karte the. Kabhi lukaa chhupi, kabhi barf paani, kabhi loha lakkad, to kabhi cricket. Bas, yahi to thi zindagi, iske baad jo umr aati hai wo zindagi nahi sirf ladai ho jaati hai, duniya se, duniya ke logo se, waqt se aur daur se.

Ghar mein papa, mummy, main aur do bhai hain. Papa government officer hain, mummy house maker hain, beech wale bhai Bareilly se BBA padh rahe hain aur bade wale bhai share market mein broker hain. Aap maano ya na maano, ghar ka sabse chota bachha hone ke kayi fayede hote hain. Galti kisi ki bhi ho, daant humesha bade bhaiyo ko padti hai.

Meri zindagi kuch is tarah beet rahi thi, eighth class tak bahaut achha tha padhai mein, lekin uske baad tenth standard aate aate saara dhyaan isi cheez pe rehta tha, ki Orkut pe kisi ka scrap aaya ki nahi? Padhai se hatt ke saara dhyaan internet par ja raha tha.

Wo waqt Orkut ka hi tha, us waqt Orkut jawaan hua karta tha aur humari rago mein bas ek hi cheez daudti thi, ki naye naye dost bana lein, unse baatein karlein, wagairah wagairah.

Halanki, itni himmat kabhi thi nahi, ki kisi ladki ko samne se jaake, 'hi' bhi bol doon, lekin social media pe sab apne friends hone chahiye. Khair! Us age mein, daily ka wahi routine hota tha.

Subah 6 baje uth jana, nahana, jo ki bahaut hi mushkil kaam hota tha, phir wo chahe sardi ho ya barasti garmi.

Kya yaar, nahana zaroori hai kya? Deodorant se kaam nahi chalaya ja sakta kya? Chahe thand ho ya garmi, ye subah subah paani thanda hi hota hai yaar.

Main apne khayalo mein khoya hua tha, tabhi peeche se maa ki awaaz aayi. 'Aaj maine tere favourite sukhe aloo rakhe hain, kha zaroor lena, tu daily ke daily dosto ko khila deta hai, is baar aisa nahi hona chahiye, break hote hi kha lena,' Maa ne daant te hue samjhaya.

Toh ye hain meri maa, cute hain na? Humesha meri cheezo ka khayal rakhti hain, khaskar is baat ka ki, main bhookha na reh jau school mein. Jo ki main aksar reh jaata tha. Wajah? Mera lunch churaya jata tha daily.

'Arey yaar mummy main kya karu? Ye log maante hi nahi hain, humesha break hone se pehle hi chura lete hain mera lunch. Aaj mere favourite aloo hain, inhein main lecture ke beech mein hi nipta dunga,' maine haste hue kaha.

Maa ne mera bag tayaar kara, aur main ghar se bus stop ke liye nikal gaya. Bus stop jaate jaate kuch khwabo khayalo mein doob gaya, khayal aise ki: *Maa itna pyaar kyun karti hain mujhe? Pyaar kya hai? Kya apni zindagi mein bhi kabhi pyaar ayega?*

Matlab ajeeb-o-gareeb baatein jo meri umr ko shobha bhi nahi deti thi. Sochte sochte bus stop pahauncha, waha mera dost, Ankit, khada tha aur Aryan humesha ki tarah aaj bhi late ho gaya tha. Mujhe pata tha ye fuddu ladka aaj bhi bus ke peeche bhaag kar bus pakdega, humesha ki tarah!

Ab meri aur Ankit ki nigaahein sirf ek hi jagah tiki thi, Aryan ke ghar ka gate khula ya nahi? Bhai sahab, bus aa gayi lekin is bande ke ghar ka gate nahi khula. Hum log sab bus mein chadhne lage aur apni apni seat pe jaa kar baith gaye. Itne mein hi bus wale uncle ne bus start kardi, aur phir dekha Aryan door se bhagta hua aa raha tha, chillata hua, 'Ruko Rukooooo!'

Ab hum saare ke saare cheekhne lage. Pehle to humne usey thoda daudaya, uski punishment ki tarah, phir humne cheekhna shuru kiya, 'Rok lo bus bhaiya, verna ye ladka bus ke peeche bhagte bhagte apni jaan de dega.'

Hahaha kya sahi scene tha. Bus ruki, Aryan bus mein chadha. Jaise hi wo peeche aaya, maine usey samjhaya ki bhai, 'Jaan hai to jahaan hai, bhaag kar bus mat pakda kar, balki 5 minutes pehle nikal jaya kar, taaki bhagne ki zaroorat hi na pade.'

Bahaut maafiya mangwai maine ussey. Aaj uski chance thi window seat pe baithne ki, bechare ne apni chance bhi gava di.

2

boards ki datesheet

♥

School pahauncha, lekin ab mann nahi lagta tha mera St Paul's mein. Wahi purani building, toote kaanch, purane zamaane ki chairs aur tables, ab kuch naya chahiye tha zindagi mein, wo kehte hain na, badlaav.

Maine aadhi se zyada school life boys' school mein bita di thi, sirf 2 saal bache the, ab kuch to zindagi mein badlaav lana tha na, itne saal wahi furniture, building aur shaklein dekh dekh kar bore ho gaya tha.

Boards ke baad main school switch kar hi lunga yaar, mann nahi lagta ab yaha. Bas 2 saal hi toh bache hain school life ke, thoda sukh utha lein, ladkiyo ke saath padhne ka.

'Anubhav! Anubhav! Oh bhai! Hosh mein aaja, Kavita ma'am announce karne wali hain boards ke baare mein, sun le bhai,' Anmol ne mujhe tokte hue kaha.

Second March se exams the, ab sab ke dimaag ke pressure cooker ki seeti zor se bajne lagi. Student life ka

5

sabse pehla aur asli exam time jo hota hai, wo high school boards ka hota hai, jisme main tha, aur halke me leke maze kar raha tha.

Wo pura din hi tension mein nikal raha tha. Kehne ko dost kayi the, Ankit, Anmol, Deepak, Aryan, par mera best friend bas ek hi tha, Ankit. Usi se main har achhi buri baat share kar liya karta tha.

Ankit best friend isliye bhi tha kyunki wo bilkul mere jaisa tha, siwaye uske size ke. Haha, sab ka ek motu best friend to hota hi hai, mera bhi tha! Mere ghar ke paas rehta tha wo aur school bhi ek hi tha humara. Ussey meri yaari kareeb 4 saal purani thi. Ek wahi tha jiske saath mujhe ghumna phirna pasand tha.

Uske ghar mein, uske mummy-papa the aur ek choti behen. Uski aksar meri wajah se pitayi ho jaati thi, kyunki main usey exam time mein bahar aane ke liye manata rehta tha aur woh jab jab meri wajah se bahar aata, usko daant pad jaati aur kayi baar to pitayi bhi ho jaati thi.

Mujhe baaki sab dosto mein ghira rehna pasand nahi tha! Kya hai ki jab aapki aadat mein na cigarette hoti hai na sharaab to aapke dosto mein aksar aap akela feel karte ho. Isliye, main bas Ankit ke saath hi rehta tha.

Unhein yaar chahiye the khaane peene wale, aur hum dhuan daaru se door hi rehte the. Bachpan se Maa ne ek hi baat boli thi, 'Kuch bhi karna lekin isko kabhi haath mat lagana.' Wo baat seene mein gadh si gayi thi maano!

Aaj finally, maine lunch kiya, mere favourite aloo aur parathe khaaye, kyunki wo do kameene jo mera lunch humesha kha jaate the, Vishal aur Pranjal, wo aaj aaye hi nahi the. Hum log break mein mile to dekha ki sabke chehre ki hawaiya udi hui thi.

'Abey yaar badi fatt rahi hai, pure saal kuch nahi padha ab boards start ho jayenge kuch dino mein,' Deepak ne darte hue kaha.

'Bhai dekh, aaj tak har exam ko dene se pehle bhole ka naam liya hai, kabhi fail nahi hue, aagey bhi nahi honge,' maine kaha.

Saare ke saare hasne lage aur sabki apni apni planning chalu ho gayi, ki agar fail ho gaye, maan lo by chance, to option to hone chahiye na, kaun chai ki tapri kholega, kaun moongfali ka thela lagayega aur kaun rickshaw chalayega. Bas phir kya, recess over hui aur bas school over hone ka intezaar shuru hua.

Ghar pahaunchte pahaunchte main apni duniya mein kho chuka tha. School switch karne ke baare mein soch raha tha. Dayawati Modi Academy (DMA) achha school tha, humesha se tareef suni thi aur to aur sabse important cheez, apni colony wale saare dost DMA mein the, bas ek mujhe chhod ke.

'Oye Anubhav! Aaj datesheet aayi hai aur Lalit sir pakka ab danda karenge bhai, time pe ajaiyo, mujhe tuition ke liye pick karne,' Pranjal ne mujhe ek text message kiya.

'Okay bhai, aa jaunga,' maine reply kiya.

Din yuhi dhala, raat aane lagi, aaj ke din mein kuch alag tha, kuch aisa jo pehle mehsus nahi hua tha, kuch aisa jo hone wala tha, kya hone wala tha ye pata nahi par ehsaas kuch aisa hi tha.

Apna raat ka koi saathi nahi tha, books khulte hi neend aane lagti thi, jaise neend ki goliya ho unme. Thodi der padhne ki koshish kari aur laakh nakaam koshisho ke baad mujhe ehsaas hua, ki ye apne bas ka nahi.

Ab dheere dheere Orkut se Facebook ki taraf ja rahe the, ab scraps beeta hua kal ho chuke the aur zindagi mein 'chat' ka option aa gaya tha. Maine socha, ki chalo Facebook ke haal chaal le liye jaayein. Main yuhi apni news feed scroll kar raha tha tabhi 'People you may know' ki list aayi, aankh bandh karke sab ko friend request bhej di.

Waise main wo shaqs hu jisne bachpan se lekar aaj tak ek hi cheez chahi, ek hi insaan se pyaar karunga, ek hi insaan se shaadi karunga, kabhi bhule se bhi kisi ka dil nahi dukhaunga. Bas ab talaash thi to sirf us ek insaan ki, jiske saath main apne dil ki har baat share kar saku, har ek lamhe ko jee saku, jo mujhe complete kar sake.

3
woh pehli mulaqaat

Mulaqaat lafz sabki zindagi mein kuch alag mayine rakhta hai, meri zindagi mein iska matlab tha, 'She accepted your friend request' yaani 'unhone aapki dosti sweekaar kar li hai'. Haha, kya sahi feeling hoti hai na, ye jo Facebook de deta hai humein. Bina us insaan se baat kare aap uske dost ban jaate hain.

Jab maine iss notification pe click kiya to jo naam samne meri screen pe flash ho raha tha wo tha Zoya Khan. Profile open kari to dekha, ki unki koi picture hi nahi hai, bahaut hi ajeeb laga. Do ghante pehle friend request accept ki thi, socha kuch nahi to ek message hi kar du, kya jaata hai?

Maine bada hi pyaara sa 'Hey', badiya si smiley ke saath bhej diya. Ab bas intezaar tha ki kab reply ayega aur kab humein mauka milega, iss dost se sachhi wali dosti karne ka.

Kabhi kabhi main sochta hoon, dil bhi kitna masoom hota hai na, wo soch nahi pata, bas lag jaata hai, aur guzarna humari rooh ko padta hai. Ah! kya pyaar mohabbat ki baatein sochne lagta hoon main baat baat par. Ek ladki ka naam hi to padha hai ab tak, tasveer tak nahi dekhi aur ye dimaag na jaane kaha kaha ki baatein sochne lagta hai.

'Dinner ready hai, Anu! Computer ko band karke pehle kha le phir padhne baithna, tere boards start hone waale hain,' Maa ne dinner ke liye bulaya.

'Aa raha hu yaar, bas 5 minutes mein,' maine jawaab mein kaha.

Lag bhag roz main apne messages ke folder ko khol kar dekhta tha, roz intezaar karta tha is list mein koi naam to ho jo sabse upar aaye. Shayad galti meri nahi thi, kyunki, meri zindagi mein dost ke naam par sirf ladke hi the, boys school wale bebas aur lachaar ladko ki category mein aata tha main.

Bas phir ek din, messages ka folder update hua aur usi shaqs ka message tha, jiska mujhe besabri se intezaar tha, Zoya Khan.

'Hi!' Zoya ka message aaya.

Mere chehre par ek alag hi muskurahat aayi aur der na karte hue maine unko reply kiya.

'How are you?'

'I'm good, how're you?' Zoya ne turant reply kiya.

'I'm good very well thank you love you all.'

Bachpan se lekar aaj tak jitni English seekhi thi, maine sab bol di. Shayad hi koi wajah rahi ho unke paas apni hasi ko na rok paane ki. Unki hasi ko main unka naam padh ke mehsus kar pa raha tha, aur jo bache kuche ehsaas the, wo unhone 'Hahaha' reply karke zaahir kar diye.

Ye baat kuch kadam hi door chali, tab hi unhone mujhe ek khubsoorat sa reply kiya, 'Kaafi dilchasp hain aap.'

Ek to kabhi koi ladki 'aap' keh ke baat karle to bahaut hi 'husband' wali feeling aati hai. Waise main is message ko padh ke kaafi khush hua, kyunki, ek toh waise hi apna female interaction bahaut kam tha, usme bhi ek ladki ne ye kaha, ki main kaafi dilchasp hoon, toh chehra khilkhila utha.

Isse pehle iske aagey kuch samajh paata, unse kuch keh pata, unhone message kiya, 'Chaliye humein jana hai, Bye!'

Aur mere haath kuch likhte likhte ruk gaye. Is baatcheet mein bahaut si baatein adhuri reh gayi thi, shayad main unhein janna chahta tha, ya shayad main unhein bas ek 'Anjaan' hi rehne dena chahta tha, par unse itni si baat mein hi ek alag ehsaas hua. Wo kehte hain na, kuch log bolte nahi, lekin unki khamoshi bahaut kuch bayaan kar deti hai.

Mujh mein ek baat thi, main logo ke dil ke ehsaas ko unki baato mein, unke chote messages mein bhi bakhubi samajh leta tha, kaafi achhe se parakh leta tha, ki log kya kehna chahte hain, ya kya chupane ki koshish kar rahe hain.

Janta hoon bahaut zyada bol raha hoon, magar sach bol raha hoon. Mere is hunar ki wajah se mere dil ne mujhe warn kar diya tha, ki Guru! kuch baat hai. Baat kuch bhi nahi thi, yakeen kariyega baat kuch bhi nahi thi, par phir bhi kuch baat thi, us raat mein, us waqt mein, us guzarte lamhe mein, maano har ek cheez mujhse kuch kehne ki koshish kar rahi thi. Na jaane kya thi wo baat.

4
kuch adhura chhut gaya

♥

Woh din guzra, kuch raatein yuhi guzri, zindagi guzarne lagi. Phir wahi normal si zindagi shuru ho gayi thi, bas ab tension thi to sirf ek hi cheez ki, board exams. Ladki ki itni tension nahi li maine kabhi, tension boards ki thi, har ek shaqs ki nigaaho ko dhyaan se dekho to ehsaas hoga ki uski fati padi hai exams se.

Log bhagwaan ke paas alag hi exchange offers lekar ja rahe the.

'Is baar pass kara de bhagwaan, har shanivaar ko parshad chadane aaunga.'

'Bhagwaan bas izzat bacha lena, verna maa baap Sharma ji ke ladke ke taane maar maar ke mujhe maar dalenge.'

Aur bhi na jaane kya kya.

Ek din yuhi Facebook ke messages check kar raha tha, to dekha Zoya ke naam ki jagah likh kar aa raha tha 'Facebook user'. Sabse pehli cheez dimaag mein yahi aayi, 'Aakhir wo mujhe block kyun karengi?' Mujhe laga shayad unhe mera

12

baat karne ka andaaz pasand nahi aya hoga, ya maine flow me kuch zyada hi bol diya hoga, to unhone mujhe 'cheap' sa koi ladka samajh ke block kar diya hoga.

Kaafi dino tak us naam ke aagey Zoya Khan likh kar hi nahi aaya. Phir maine bhi apne dimaag se nikaal diya. Kya hi fark padta hai, jisko baat karni hogi wo khud hi effort daalega, hum kyun kisi ka intezaar karein?

Typical Indian family mein jaisa hota tha, ki exams aate hi na hi koi social media, aur na hi phone zyada istemaal karna, bas isi tarah ke restrictions mujh par bhi lagaye gaye. Lekin, Maa ko kaafi convince karne par maine apna phone zaroor le liya, kyunki uski zaroorat padti mujhe.

Maine apni padhai pe dhyaan dena shuru kiya, ab boards ki date kaafi nazdeek aa chuki thi, koi mazaak nahi kuch nahi, bas ab padhai pe dhyaan dena tha aur kuch nahi.

Aryan ka sense of humour bahaut achha tha, isliye meri ussey achhi pat ti thi, lekin filhaal hum dono ko bahaut darr lag raha tha, to humne decide kiya ki hum dono group study karenge.

Group study naam ki is cheez pe kabhi vishwaas nahi karna chahiye, ye siwaye dikhawe ke aur kuch nahi hota. Group study ke naam par aap sab kuch karte hain siwaye padhai ke. Late night coffee banana, chai banana, Maggi khana, dosto ko calls, messages kar kar ke puchna ki unhone kitna padh liya aur paagalo ki tarah rona, ki bhai ye chapter padha de.

Aakhir wo din aa hi gaya, jiska humein intezaar bilkul bhi nahi tha, lekin kya karein, jee rahe hain to har din se guzarna padta hai, jiska intezaar ho ussey bhi aur jiska intezaar na ho ussey bhi.

Exams ki shuruwaat bhi hui, aur aakhiri exam tak bas padhai pe dhyaan diya. Maa roz subah uth ke, teeka laga ke, dahi cheeni khila ke, exam dene bhejti aur apni alag hi pooja mein lag jaati bhagwaan se. Papa bhi offers dete rehte the, 'Beta agar tu is baar 80 per cent le aya to meri taraf se tujhe ek bike pakki, jo bhi tu kahe.'

'Pita ji, agar nahi dilaani hai to mu pe mana kar dijiye, ye bahaane kyun banane hain?' maine taunt maarte hue kaha.

Meri unse bike aur scooty ke peeche itni behes hoti thi, lekin wo har baar mujhe aise lalach dekar taal dete the. Khair! Exams ke din beet chuke the, aur exams khatm hote hi, main apne admission ke liye apply karke aa gaya tha DMA mein, bas intezaar tha, ki jaldi se admission test ka result aaye aur main apna boriya bistar St Paul's se uthau aur DMA mein jaake patak doon.

5
wo aayi, ek baar phir aayi

💔

Board exams khatm ho chuke the aur is dauran kisi ke paas kuch karne ko nahi hota tha, to sab Facebook chalate the. Us waqt, Facebook itna zyada khoon mein rehta tha, ki jaha dekho waha naye naye dost banaye ja rahe hain. Facebook par rishte ban rahe hain aur toot rahe hain. Main bhi behti Ganga mein apne haath dhone nikal pada.

Par is sab se hat ke, aaj maine finally wo naam dobara padha, Zoya Khan, aur main bahaut hi zyada khush ho gaya ki mujhe block nahi kiya gaya tha, maine chehre pe muskurahat liye ek message kiya.

'Hi, mujhe laga aapne block hi kar diya.'

Mere khayal se wo message puri tarah pahauncha bhi nahi tha aur waha se turant reply aa gaya.

'Nahi yaar, wo actually exams ki wajah se band kar di thi ID, kyunki, bilkul dhyaan nahi lag raha tha,' Zoya ne reply kiya.

Meri jaan mein jaan ayi, ki chalo koi narazgi nahi, bas yuhi kahi gum thi padhai mein.

'Achha, phir thik hai. Waise, exams kaise hue aapke?' maine baat aagey badhate hue pucha.

'Kya hi hoga yaar, bas Allah bharose pass ho gaye to ho gaye, mujhe to bahaut darr lag raha hai,' unhone ghabrate hue kaha.

'Arey arey ghabraiye nahi, sab badiya pass ho jayenge,' thoda motivate karte hue maine kaha.

'Sirf pass nahi hona hota hai na Anubhav Agrawal, har class mein top kiya hai, lekin is baar nahi aaye na achhe marks to humara Aligarh Muslim University (AMU) mein admission nahi ho payega,' Zoya ne kaha.

'Ye dekho bade log, yaha pass hone ke liye duayein chal rahi hain, aur inhe top hi karna hai,' maine mazaak mein kaha.

'Khair, to matlab aap bhi Rampur se hi hain, hmmm ... kaunse school se hain?' maine pucha.

'Whitehall Public School,' unhone reply kiya.

Ab jab bhi main unse baat karta, Zoya ji karke hi baat karta tha. Isse wo bhi andaaza laga chuki thi, ki izzat karne walo mein se hai ye ladka, aur tha bhi bhai! Papa ne humesha sikhaya tha, ladkiyo ki humesha izzat karni chahiye, to bas unhi baato ko maine apna siddhant bana liya.

Baat cheet ka silsila yuhi chalta gaya, ab tak baat Facebook par hi ho rahi thi, ab tak andaaza lagane ki koshish kar raha tha, ki wo single hai ya committed, lekin andaaza lag nahi pa raha tha aur seedha puch bhi nahi sakta tha, kyunki yaar, achha thodi lagta hai kisi se aise hi puch lena, toh maine baat ghumate hue pucha.

'Achha Zoya, aapke ghar mein kaun kaun hai?'

'Ammi, bhai aur main,' unhone reply kiya.

Unhone papa ka naam nahi liya to mujhe thoda doubt hua ki, papa kaha gaye?

'Oh! Aur papa?' maine puch hi liya.

'Wo 2 saal pehle hi chal basey,' Zoya ne reply kiya.

Kabhi kabhi hota hai na ki, aap kisi anjaan se baat karte hain, baat karte karte aisa lagta hi nahi jaise wo koi anjaan hain, aisa lagta hai jaise aap kitne saalo se jante hain ek dusre ko. Kuch yoon hi lag raha tha, mujhe unse baat kar ke.

Wo sunte hi mera dil bhaavuk ho gaya, kyunki main apne ghar me sabse zyada kareeb apne papa ke tha aur mujhe jab bhi kisi ke baare mein ye pata chalta, ki unke papa nahi hain, to mujhe bahaut bura lagta, mere dimaag mein ajeeb-o-gareeb khayal aane lagte.

Maine apne computer ko aise hi chhoda aur apne papa ke room mein jaake unke paas baith gaya. Kuch bola nahi, kuch kiya nahi aur bas baith gaya. Isse sukoon bhara ehsaas shayad hi kuch hota us waqt mere liye, ki papa room mein hi maujood hain.

Thodi der baith ke waapis apne room mein aaya to dekha Zoya ke 2 messages aaye hue the.

'Kya hua? Kaha chale gaye baat karte karte?'

'Anubhav ji, koi jaata hai to bata ke jaata hai.'

Na jaane kyun, chehre pe ek muskurahat thi ki koi meri bhi fikr kar raha hai. Haan janta hoon, 2 messages ke na jaane kya kya matlab nikaal raha tha, par kya karu, aisa ehsaas pehli baar hua tha, aisi khushi pehli baar hui thi.

Maine kaafi messages kiye, sorry wagarah kaha, phir wo thodi der mein online bhi aayi. Wo pehli baar tha jab kisi ladki se maine 3 baje tak baat ki thi. Humne kaafi baatein kari.

'Achha Zoya ek sawal puchu?' darte hue maine pucha.

'Haan ji puchiye,' unhone kaha.

'Aap committed hain?' bahaut zyada darte hue maine pucha.

'Allah tauba, door hain hum in sab cheezo se, badi hi kharab hoti hain ye pyaar ki galiyan, bade hi matlabi log hote hain,' bahaut hi teekhi zubaan se unhone jawaab diya.

'Hehe, baat to sahi hai, magar har koi matlabi nahi hota, kuch achhe log bhi hote hain,' apni taraf ishara karte hue maine kaha.

'Aji hote honge, hum single hi thik hain,' unhone bilkul seedha jawaab diya.

Us raat, maine unke past ke baare mein bhi pucha, ki aakhir ye teekhapan aaya kaise. Wajah kya hai is khataas ki. Toh unhone bataya, Zaid naam ke ek ladke ke saath thi wo, bahaut pyaar kiya, lekin aakhir mein usne kisi aur ke liye chhod diya. Aur bhi na jaane kya kya bataya, lekin maine yahi socha ki toota hua dil hai, waqt lagega judne mein.

Yakeen nahi hota tha ki abhi tak dekha nahi hai maine usey. Photos mangne ki koshish karta to humesha 'NO' sunne ko milta, aur number mangne ki koshish karta to humesha ek hi jawaab milta, 'Sahi waqt aane par dedungi.' Bhagwaan jaane ye kaunsa waqt hota hai jo sahi hota hai, humein to har waqt ek jaisa lagta hai.

6
number exchange hue, magar dil nahi

Lag bhag 20 din ho gaye baat hote hote. Har din ek alag hi chaap chhod jaati thi mujh par ye ladki apni. Ek aisi chaap, jo hataye nahi hat ti, mujhe nahi pata tha ki ye pyaar hai, ya main unko bas pasand karne laga tha, lekin mujhe unme ek apnapan sa dikhta tha. Yakeen karna thoda mushkil hai, par wakayi mein, maine kabhi ye baat sochi hi nahi ki wo ek Muslim hain aur main Hindu, mere liye dosti aur pyaar ka koi mazhab nahi hota, par afsos, har kisi ki soch aisi nahi hoti.

Phir ek din main apne room ki khidki ke paas baithe chai pee raha tha, tabhi mere computer pe ek notification aayi, maine kholi to Zoya ka ek message tha.

'Main ja rahi hoon, yaaaaay,' bahaut khush hote hue usne message kiya.

Ye message padh ke mujhe sadma sa laga aur hosh sambhalte hue maine pucha.

'Kahan ja rahi ho achanak? Abhi to baat shuru hui thi, kya ho gaya, kahan ja rahi ho?'

'Arey arey, baba mera Aligarh jaane ka ho gaya scene, main parso nikal rahi hoon,' unhone reply kiya.

Aligarh Muslim University ke under kaafi schools aate the, jin mein students tenth standard ke baad chale jaate the, aur waha se standard eleventh aur twelfth kar ke seedha unka admission AMU mein ho jaata tha, jo ki apne aap mein ek badi baat hoti thi.

'Oh! Acha …' mere paas alfaaz hi nahi the.

Unse kabhi mila nahi, kabhi dekha nahi, phir bhi aisa lag raha tha, har waqt mere paas rehti hain wo, lekin jab unhone kaha, 'Ja rahi hoon,' to aisa laga jaise mujhse door ja rahi hain. Maine zaahir nahi kiya kuch, bas apne mann mein dabate hue apne jazbaato ko, ek hi baat kahi unse.

'Congratulations! Zoya, Good luck!'

Main pagal hi tha, bematlab ki ummeedein lagaya hua tha aur apne dil ko zabardasti dukhaye ja raha tha, par kya karta, mere jazbaat ab kaabu mein nahi the. Pasand karne laga tha main, kuch kuch chahne laga tha main aur kamaal ki baat to dekhiye, sirf naam aur baatein chahne laga tha, chehra to abhi bhi gum tha kahin.

'Achha aapne kuch socha number dene ke baare mein?' maine ek ummeed se pucha.

'Yaar, Anubhav dekho, agar main Aligarh gayi to waha phone leke nahi jaungi, aur agar leke gayi to waha pahaunch ke main aapko text kar dungi. Aap ek kaam karo, aap mujhe apna number dedo taaki main text kar saku,' unhone samjhate hue kaha.

'Thik hai.'

Maine apna number likh kar bhej diya. Baato ka silsila kuch der aur chala, lekin mann mein kahi na kahi, kuch na kuch udaasi thi, najaane kyun. Hota nahi hai kabhi kabhi, aapke dil aur dimaag mein, baato, sawaalo aur ehsaaso ka ek mela lag jaata hai, aur aapko kuch samajh nahi aata, ki aisa kyun ho raha hai. Mujhe bhi samajh nahi aa raha tha.

Parso ka din bhi aa hi gaya, ajeeb bechaini aur udaasi thi dil mein, ghar mein mummy ne bhi kayi baar pucha, ki aakhir kyun udaas hoon main, lekin unhein bhi kya hi batata, main khud hi pareshan tha.

Do mahine pehle kya thi zindagi aur aaj kya ho gayi. Kisi ke messages ka intezaar karna, unka baat karna, mood kharab hone par manana, unka har ek baat share karna. Unki har ek adaa, kaafi alag tha ye ehsaas, pehle kabhi kisi ladki ke liye ye mehsus nahi hua tha.

Kaafi himmat karke ek message likha aur bhej diya, 'Zoya ji, yaad ayegi aapki, pata nahi kyun, bas ayegi.'

'Achha ji, aisa kya ho gaya jo yaad ayegi?' unhone chhedte hue pucha.

'Hehehe, aisa nahi hai, hua kuch bhi nahi hai, bas achhe log bas jaate hain dil mein,' maine sharmate hue kaha.

'Dil mein basane ki bhul mat kariyega, kaafi bhaari keemat chukani pad jaati hai luv shuv mein,' unhone kaha.

'Ho sakta hai, lekin khud ko ek chance dena chahiye, kya pata khuda is baar sahi banda bhej raha ho aapke paas aur aap sirf apne kharab past ki wajah se usey accept nahi kar rahe hain,' maine samjhate hue kaha.

'Whatever! Mujhe nahi chahiye koi ab apni zindagi mein,' unhone gusse mein kaha.

'Achha ji shant ho jaiye,' maine shant karate hue kaha.

Ye shuruwaati daur tha jab mujhe mohabbat ka ehsaas ho raha tha. Mujhe pata bhi nahi tha ki mohabbat kehte kisse hain, magar jo bhi tha, sab kuch achha lagne laga tha.

7

izhaar-e-ishq

♥

Jis din wo Aligarh pahaunchi, usi din raat mein mere paas ek anjaan number se message aaya, 'Hello, ji.' Pyaar ki raahein hoti mushkil hain, magar khubsoorat bhi hadd se zyada hoti hai. Aapko, aapke mehboob ki pal pal ki khabar rehti hai. Wahi mere saath hua, us message ke peeche ke shaqs ko mujhe pehchaanne mein zyada waqt nahi laga aur maine reply kiya, 'Hanji, Zoya ji.'

Ek message ne unke hosh hi uda diye maano. Puchne lagi, 'Aapko kaise pata ki hum hain? Sach sach bataiye, aapke paas pehle se humara number tha na?'

'Nahi nahi, mujhe aisa kuch bhi nahi pata tha, bas maine andaaza lagaya,' maine reply kiya.

Baato ka silsila chalta gaya, baat jitni gehri hoti jaati, dil utna kareeb hota jata. Aapko yaad hai, aapko pehli baar pyaar kab hua tha? Yaad hai wo pehla ehsaas kisi ko chahne ka, wo pehla ehsaas kisi ki maujudgi se pyaar ho jaane ka?

24

Thoda teekha, thoda meetha, magar haseen, behad haseen. Ye pasand ab pyaar mein tabdeel hoti ja rahi thi.

Main din raat bas ek hi ladki ke baare mein soch raha tha, wo ghar se door zaroor thi, magar phir bhi uski salaamati ki duyein maange ja raha tha, bina ruke, bina thame.

Na kisi baat ka darr, na kisi baat ka khauf. Na mere Hindu hone ki chinta, na unke Muslim hone ki fikr, ankhon par pattiya lag chuki thi maano. Apne aapko lakh rokne ki koshish kar raha tha is dal dal mein fasne se, ye dal dal hi tha, kyunki humara koi future nahi tha.

Maine, 16 April 2012, achanak baat karte karte, unse dooriya banani shuru kar di. Unko bhi is kashmkash mein chhod diya, ki achanak main gaya kaha. Na message, na kuch, bas gayab ho gaya unki zindagi se.

Ek din, do din, teen din, chaar din, din yuhi beetey, ab main apne dil aur dimaag ki is ladai mein thak chuka tha, mera dil, mere dimaag pe haavi hota, mujhe samajh nahi aa raha tha main kaise unhein batau, unhein dekh kar lag nahi raha tha, ki wo mujhe accept karti, isliye baat nahi ki.

Yeh dharm, jaat, paat, banane walo ko us waqt main bahaut kos raha tha, sirf insaaniyat hi ek dharm hota to kitna achha hota na, aise khayal aaye ja rahe the.

Beech mein kayi dafa unke messages aaye, jokes, forwards, par maine kuch reply nahi kiya.

20 April 2012. Mujhse raha nahi ja raha tha, maine decide kiya ki main ab unhein sab kuch bata dunga. Bahaut majboot kara apna dil maine, mujhe pata tha wo maanengi

nahi, lekin main apne dil mein ye sab rakh ke bojh badha raha tha, jo ki main ab aur nahi chahta tha.

'Zoya, main aapse kuch kehna chahta hoon. Kaafi dino se, in fact, jab se maine aap se baat karna shuru kiya hai tab se lekar aaj tak humare darmiyan kayi cheezein hain jo badli hain. Mera dil, jo ki itna khali khali hua karta tha, usme ab ek shaqs hai jo ghar kar gaya hai. Mujhe nahi pata mujhe ijaazat hai aisa mehsus karne ki ya nahi. Magar, main khud ko rok nahi pa raha hoon. Main aapko batana chahta hoon ki haan, ye pyaar hai, wo shaqs aap ho, wo naam aap hi ka hai jo chhap chuka hai, tasveer jo ki maine aaj tak dekhi nahi wo bas chuki hai. Mujhe ek mauka do ye saabit karne ka, ki har shaqs ek jaisa nahi, ek mauka do apne pyaar ko saabit karne ka. I really love you, Zoya. Mujhe maaf kar dena agar main kuch galat kar raha hoon, par meri samajh mein pyaar karna galat nahi hai.'

Yeh maine likha aur bhej diya. Main khud se puch raha tha, ki kuch galat kar raha hoon kya? Dimaag keh raha tha, bewakoofi hai ye sab, magar dil maan hi nahi raha tha.

'Sun? Ghar aa ja, kahi chalte hain,' maine Ankit ko message kiya.

'Achha bhai, thik hai aata hoon,' Ankit ka reply aaya.

Zoya ne abhi tak mere is message ka koi reply nahi diya tha. Mujhe laga shayad ab kabhi jawaab ayega bhi nahi. Main Ankit ke saath khuli hawa ko mehsus karne nikal gaya.

Der raat Zoya ka ek message aya.

'Kyun?'

Mujhe samajh nahi aaya, phir bhi samajh chuka tha.

'Hum dost nahi reh sakte kya? Kya zaroori hai, ishq ko apne dil mein jagana? Tumne kaha tha tum alag ho, baakiyo jaise nahi ho, to kyun apne dil mein mere liye pyaar jaga rahe ho? Aur wo bhi aisa pyaar, aisa rishta, jiska koi future bhi nahi. Tumse ye ummeed nahi thi.'

Mere paas unke har sawaal ka jawaab tha, par maine khamoshi bhej di. Mujhe raat bhar neend nahi aayi. Mera mann kar raha tha, ki kisi ke paas jau aur jee bhar ke ro lu, kyunki unka message mujhe bahaut hurt kar raha tha, jitni dafa padhta, ek naya dard de raha tha.

Maine Ankit ko call kiya, aur pagalo jaise rone laga. Mohabbat ka to pata nahi, lekin dosti bahaut kaam aayi us raat. Aakhir ek dost hi hota hai jo har waqt aapke saath rehta hai, aapke toot jaane par aapko sambhalta hai, aapko support karta hai, chahe dupeher ke 3 baj rahe ho ya raat ke 2, har waqt aapke liye taiyar rehta hai. Mera Ankit se yaarana kuch yu hi tha.

Agle din, main school se wapis aaya, to maine dekha Zoya ka phir koi message nahi aaya. Maine socha reply kar hi deta hoon ab, par normally baat karunga.

'Hello ji, kaisi hain aap?' maine message kiya.

Dus minute baad …

'Main theek hoon, aap kaise hain?' Zoya ne reply kiya.

'Main bhi theek hoon,' berukhi sa reply maine bhi kiya.

Hum dono mein se kisi ne bhi zikr nahi kiya aur baatein karne lage. Unka bartaav ab thoda badla badla sa tha, wo baat karne ki khushi jo hoti thi wo ab nahi thi, kaafi feeki

feeki baatein lag rahi thi. Mujhse bhi raha nahi gaya, maine bhi bahaut samjhane ki koshish kari.

'Zoya, ek mauka to deke dekho apne aapko, mujhe, hum dono ko, kya pata aap puri tarah se galat saabit ho jayein,' maine unhein samjhaya.

'Anubhav, main koshish kar bhi loon to bhi kya fayeda? Ek na ek din to khatm ho hi jayega, tab rone se achha hai aaj is rishte ki shuruwaat hi mat karo,' Zoya samjhane lagi.

Zoya apne dil ko lekar bahaut majboot thi, wo apni baat ko kabhi galat saabit hone hi nahi deti thi. Lekin, unki ye zid, mujhe baar baar peeche dhakelna, mujhe unki taraf itna kheech rahi thi ki main pehle se zyada koshish karne laga tha, himmat jutane laga tha unhein manane ki aur haan, pehle se zyada mohabbat karne laga tha.

8

awaaz sunane ke liye bhi tadpaogi kya?

♥

'Mohabbat chhodo, ye batao, kya apni awaaz sunna bhi naseeb nahi hone dogi?' maine naraazgi jatate hue pucha.

'Hehe, ye bhi sahi waqt aane par naseeb hoga,' haste hue taal diya unhone.

Zoya ki fitrat mein tha tadpana, ye baat mujhe mehsus hone lagi thi, na jaane kyun, bahaut zyada strong thi ye feeling, ye vibe. Main samajh nahi pa raha tha, mujhe andaaza bhi nahi tha, ki meri kismat mein kis kis cheez ke liye kitna tadapna likha hai. Par kehte hain na, 'Ye ishq nahi asaan bas itna samajh lijiye, ek aag ka dariya hai aur doob ke jaana hai.'

Humara to dariya bhi itna gehra tha aur is dariya ki dooriya bhi hadd se zyada thi, tab bhi nahi socha ki tayrna hai ya nahi, bas kood gaye is dariya mein.

Meri is mohabbat ki bhanak kisi ko nahi thi, siwaye Ankit ke aur wo abhi bhi St Paul's mein tha, isliye school ke waqt mera ussey milna nahi ho pata tha. Ab tak mera DMA mein admission bhi ho chuka tha aur kaafi waqt guzar gaya tha.

'Mujhe ek baat bata? Tera mann nahi karta relationship mein aane ka? Ya tujhe ladkiyo mein koi interest hi nahi?' Megha ne mera mazaak udate hue pucha.

Megha se main DMA mein mila tha. Kaafi suljhi hui ladki thi wo, ache khayal, ghunghrale baal, khoob mazaak karte the hum. Ab is baat ka jawaab maine usko bahaut badiya tarah diya.

'Dekh behen, apne ko aata nahi use karna aur aage badhna. Ye relationship wagarah sab temporary hoti hain. Apan bane hi mohabbat ke liye hain, jab hogi to aisi hogi ki kitaabein likhi jayengi uspe,' maine tough looks dete hue kaha.

'Ohhoo, kya baat hai shayar sahab. Chalo dekhte hain, kaun hogi khushnaseeb jisse tumhe mohabbat hogi,' Megha ne khush hote hue kaha.

Main ghar pahauncha school se, to mere paas ek bhi message nahi tha Zoya ka. Thodi si chinta hui mujhe, maine unko message kiya.

'Zoya ji, kabhi hum gareebo ko bhi yaad kar liya kariye, kya humari kismat mein aapke khayalo mein aana bhi nahi?'

Lagbhag aadhe ghante mein Zoya ka reply aaya, 'Nahi yaar, aaj thodi busy thi school mein, isliye time nahi mila.'

'Kya baat hai Zoya? Kuch pareshan si lag rahi ho?' mujhe ashanka hui, maine puch liya.

'Pareshan? Nahi to, mujhe kya hona hai, main bilkul thik hoon,' hichkichate hue reply kiya unhone.

Dus minute tak puchne par pata chala ki unhein apne papa ki yaad aa rahi hai.

'Ek baat batao? Tumhe aakhir pata kaise chala ki main dukhi hoon?' unhone confused ho kar pucha.

'Pyaar karta hoon Zoya ji, aiyashi nahi,' maine jawaab diya.

2 May 2012, 4.31 p.m. Yahi wo waqt tha, yahi wo ghadi thi, jis waqt pehli baar, shayad wo pehli baar hi tha jab Zoya impress hui thi meri kisi baat se, is ehsaas se ki mujhe unse pyaar hai. Sach mein, apni khushi unhone ye kah kar zaahir ki.

'Acha suno? Raat 8 baje free hoge?' unhone pucha.

'Nahi bhi hounga to aap kahengi to zaroor ho jaunga, bataiye kya hua? Sab theek to hai na?' maine reply kiya.

'Nahi kuch nahi, bas aise hi!' Zoya ne kaha.

Yeh jo adaa thi na unki, mujhe pal pal tadpane ki, ye jaan hi le rahi thi bas. Kuch der zor dene par maine muh se nikalva hi diya.

'Kuch nahi bas aise hi soch rahi thi, ki aaj call pe baat karein?' Zoya ne bahaut pyaar se kaha.

Mere to jaise aansu hi nikal gaye. Ek alag hi khushi hui thi us din, itihas mein likha jaane wala tha ye din. Ye pehli baar tha, jab mujhe laga ki Zoya ke mann mein bhi kuch hai mere liye, par wo na jaane kyun darti thi batane se, ya apni is mohabbat ke ehsaas ki kitaab mere samne kholne mein. Unko darr tha, ki kahi dobara aisa kuch na ho jaye jo pehle hua tha.

'Thank you, Zoya ji! Aapne aaj mere dil ko khush karne wali baat kahi, aaj ka din hi bana diya mera.'

Raat ke 8 baje, unka call aya, us, 'hello' ko bhi kaise zaahir karu. Wo awaaz mere kaan mein padi aur main ghayal hi ho gaya maano. Jaise filmo mein hota hai, ye pyaar wahi tha, ye ehsaas wahi tha. Aisa lag raha tha peeche 4 log khade hokar violin baja rahe hain. Bahaut meethi awaaz thi wo, aaj tak yaad hai wo ehsaas.

Us din aisa laga jaise ab sab thik ho jayega. Ye pyaar bhi ab ek na ek din muqammal ho hi jayega. Us din humne 50 minutes tak baat kari. Unhone mujhe apne baare mein bataya, ki unki bachpan se lekar ab tak ki zindagi kaisi thi, unke papa ne kitne laad pyaar se bada kiya tha apne dono bachho ko. Zoya apne papa ki favourite thi aur unke bhai Zain, unki mummy ke favourite. Jaisa ki har ghar mein hota hai, ladkiya papa ki pari hoti hain, aur ladke mummy ke laadle.

Zoya humesha se ek sachhe pyaar ki talaash kar rahi thi, unke past ke experiences kuch khaas achhe nahi rahe the, jinki wajah se unke dil mein ye darr baith gaya tha ki, pyaar karne mein sirf dhokha aur dard hai, aur kuch nahi, wo last relationship unke dil aur dimaag pe gehra asar kar gaya tha, jiski wajah se unko ab kisi ke liye feelings nahi aati thi, khaas kar wo ladke jo unhein approach kar rahe hain.

Maine jitna samjha, jitna jaana, usme ek baat clear ho gayi ki, inko jeetna, inke dil mein apni tasveer chhaap dena, bahaut mushkil hai. Lekin phir maine ye socha, ki namumkin to nahi hai na, aakhir wo bhi insaan hi hain, kabhi to ehsaas hoga unhein bhi.

Abhi 50 minutes hue hi the ki peeche se unke bhai ki call aa gayi aur meri call kat gayi, wo call kya kati jaise waqt hi tham gaya. Call katne se pehle maine unhein ek baat boli, 'Zoya, mujhe pata hai tum apne papa se bahaut pyaar karti ho aur mujhe ye bhi pata hai ki ek baap ki jagah koi nahi le sakta, lekin itna zaroor kahunga, ki main tumhe itna pyaar dunga, ki kabhi tumhe apne papa ki kami mehsus nahi hogi.'

9

wo wapas aa gayi

♥

Sach kahoon, to us raat mujhe neend hi nahi aayi. Khayali pulao pakane laga tha main, ehsaas hone laga tha, ki ab is kashti ko kinaara mil hi jayega. Wo sahara de hi dengi mujhe, meri mohabbat ko samajh hi lengi ab wo. Lekin agle hi din achanak unke behaviour mein badlaav aane laga, jitna pyaar aur apnapan wo kal mehsus kar rahi thi mere saath, wo ab nahi tha.

Unke saath na jaane ye kya dikkat thi, aaj kuch hoti aur kal kuch. Ek din mujhe aisa mehsus karati, jaise na jaane kitna zaroori hoon main unke liye aur agle hi din, jaise main unki zindagi mein kahi maujud hi nahi hoon. Ye baat mujhe andar hi andar itna maarti thi, kha jaati thi, main apne aap se ladta rehta tha, unse to kuch keh bhi nahi pata tha.

Main jab bhi in sawaalo ka jawaab mangta, wo humesha mujhe ek hi jawaab deti, 'Anubhav, mere pyaar se baat karne ka tum pata nahi kya kya matlab nikaal lete ho. Achhe se chaar baatein karne ko pyaar nahi kehte.'

Mujhe ye samajh nahi aa raha tha, ki wo khud se jhooth bol rahi thi ya mujhe apne paas aane se rok rahi thi. Mere mann mein hazaro sawaal hote the, lekin wo shaqs kabhi mere sawaalo ka seedha jawaab hi nahi deta.

Khair, maine kal raat itni badi baat boli thi, itni mohabbat mein wo baat boli thi, mujhe laga shayad wo andaaza laga paaye mere pyaar ka, gehrai ko samajh paaye aur vishwaas kar paye mujh par, lekin yaha to jitna zyada pyaar zaahir kar lo, wo tas se mas nahi hoti, wahi ke wahi adi rehti.

Aisi tootti judti dosti ko aagey badhate hue kuch din aur beete, phir ek din achanak.

'Main aa rahi hoon,' Zoya ka message aya.

'Aa rahi hoon, matlab? Kahan aa rahi hain aap?' maine chaunk ke pucha.

'Rampur, apne ghar,' unhone reply kiya.

'Sachhi? Arey waah!! Chalo badiya hai. Kismat rahi to zaroor milenge,' maine bahaut khushi se kaha.

'Inshallah!' unhone reply kiya.

Alag hi ehsaas tha, alag hi khushi thi, naachne jhoomne laga tha main, jaise ghar hi lekar ajaunga bhaga ke. Hehe, sach mein, bahaut khush tha main. Mujhe pata tha milna na milna kismat hai, par ye ehsaas hona, ki wo aur main dono ek hi sheher mein hain, bilkul waisa ehsaas tha jaise wo aur main dono ek hi ghar mein hain.

Aane waale Sunday ko wo apne ghar aane wali thi, unhone mujhe message karke bol diya tha, ki main khud hi message karungi, aap mat karna, mummy aur bhai honge.

Main bhi haath pe haath rakh kar ghadi ki tik tik sunta ja raha tha aur intezaar kiye ja raha tha, ki kab message ayega, kab baat hogi.

Mohabbat mein na jaane ye kya hota hai, bas unka intezaar hota hai aur wo intezaar dard deta zaroor hai, magar bahaut hi meetha dard hota hai. Bas, main bhi us meethe dard ko bardasht kiye ja raha tha.

'Hello ji, koi hai?' Zoya ne message kiya.

'Hanji hai, aap bataiye, aapko kaun chahiye?' maine mazaak mein pucha.

'Hahaha, chahiye to koi nahi, magar Anubhav ji se baat ho jaye to chalega,' Zoya ne taang kheechte hue kaha.

'Anubhav ji to hone ke liye tayaar hain aapke, aap miliye to sahi, baat aagey badhaiye to sahi,' maine har baar ki tarah is baar bhi pyaar ka teer chalaya.

'Hattt pagal! Aur batao kya chal raha hai?' unhone topic change karte hue kaha.

'Intezaar, us khubsoorat waqt ka jab aap humein apne khayalo mein layengi, do waqt baith kar pyaar ki baatein karengi,' maine mohabbat mein behte hue kaha.

'Offo shayar kahin ke, kyun hai itni mohabbat tumhe?' unhone sawaal kiya.

'Mohabbat ki thodi jaati hai, bas ... ho jaati hai,' maine dil mein dard liye kaha.

Zoya Rampur isliye aayi thi, kyunki AMU mein abhi session start nahi hua tha aur waqt zaaya na ho, isliye unhone yaha apne school mein phir se admission le liya. Din yuhi khatti meethi baatein karte hue beet rahe the. Mera bhi mann karne lage tha ki main Zoya ko kam se kam ek baar to dekh loon, kya pata ye mauka phir kabhi dobara mile ya na mile. Maine bahaut socha ki kaise mila jaye.

'Yaar Zoya, aap ko kabhi ghar ke kaam se bahar nahi aana hota hai?' maine dil mein udasi liye pucha.

'Haha, kyun kya hua? Ghar mein baithi achhi nahi lag rahi main?' unhone reply kiya.

'Arey yaar aap ghar se bahar aaogi, tab na humein mauka milega, ki hum aapko dekhein, aap se mil payein,' aur udaasi se kaha.

'Hehe, chinta mat karo, sahi waqt ayega to zaroor milenge.'

Aakhir ye sahi waqt hai kaunsi bala? Main ab irritate hone laga tha, patience toot raha tha mera baar baar. Sahi waqt, sahi waqt, pata nahi kab ayega ye sahi waqt.

'Yaar Zoya, mujhse nahi ho raha ab aur intezaar, mil lo na, please. Ek baar dekh lunga mujhe chain mil jayega, magar tab tak yuhi bechain rahunga,' maine narazgi jatate hue kaha.

'Arey baba, tension mat lo, milenge, jald hi milenge,' Zoya ne mujhe shaant karte hue kaha.

Pata nahi bhagwaan ne kya kismat banayi thi meri. Yaha aisa lagta tha, jaise sab kuch mere hisse mein bhi hai aur mujhse door bhi. Zoya ka mujhse baat karna, ye janne ke baad bhi, ki main unse kitna pyaar karta hoon, mere hisse tha, magar meri mohabbat muqammal ho pana, mujhse door tha. Khuda ne soch samajh ke meri kismat likhi thi. Jisme dard aur khushiya barabar thi. Magar, kise pata tha, kitne dard aur khushiya abhi baaki hain.

10
24 may 2012

♥

School mein ek announcement hua, ki humare yaha Dr A.P.J. Abdul Kalam aa rahe hain aur sirf humare school ke hi nahi, balki Rampur ke kuch aur schools se selected students ayenge, jinhein mauka milega unse baat karne ka.

Baaki schools ka to pata nahi magar mujhe sirf ek hi school se matlab tha, Whitehall Public School, aur us pure school mein se sirf ek hi shaqs se matlab tha, Zoya Khan.

'Zoya, aapko pata hai, humare school mein 24 May ko Dr A.P.J. Abdul Kalam sir aa rahe hain? Aur haan, aap bhi,' maine excited ho kar kaha.

'Haan mujhe pata chala ki 24 May ko wo aa rahe hain, lekin ek second, aap bhi ka matlab?' unhone mere excitement par sawaal kiya.

'Dekho sabhi school ke toppers ayenge, ye to pakka hai aur Whitehall ki topper mere liye to sirf ek hi hain, aap! Toh isi hisaab se aap bhi aa rahi hain, yayayaya,' maine khush hote hue kaha.

'Chalo dekhte hain,' baat khatm karte hue unhone kaha.

Ab bas mujhe intezaar tha 24 May ka, kyunki mujhe pata tha wo ayengi bhi zaroor aur mujhse milegi bhi zaroor. Milna na milna meri kismat hai, par dekh bhi na pau, itni buri kismat bhi nahi thi.

Event 1 baje shuru hona tha, bus stop par buses humein pick karne aa chuki thi. Zoya ne bhi keh diya tha, ki wo ayengi, lekin chinta ki baat ab ye nahi thi ki wo ayengi ya nahi, ye to mujhe bhi pata tha, ki wo ayengi, magar chinta ussey badi ye thi, ki main unhein pehchanunga kaise? Maine to aaj tak kabhi unhein dekha hi nahi. Bhagwaan ka naam lekar chal diya aur raaste bhar yahi sochta raha ki, dikh gayi to kaise pehchanunga? Mil gayi to kya baat karunga?

Bus school pahaunchi, maine bus stand pe dekha, to saare schools ki buses aa chuki thi, siwaye Whitehall ke. Main andar gaya aur jis ground mein event hona tha, waha jaake khada ho gaya. Kaafi saari red colour ki chairs bichi hui thi pure ground mein. Mere saath mera dost tha, Shaurya, hum logo ko hum hi ne duty dedi thi, ki Whitehall ke students par nazar rakhni hai.

'Bhai tujhe lagta hai, Whitehall ke students ayenge?' Shaurya ne mujhse pucha.

'Ummeed par duniya kayam hai mere dost,' maine apne dil ko tasalli dete hue kaha.

Sirf 15 minutes hi beete the, ki achanak ek line door se aati hui dikhi, isse pehle main kuch dekh pata, samajh pata, mere paas Deepa ma'am aayi, aur unhone mujhe B block bhej diya Charu ma'am ko bulane ke liye. Jab tak main waapis aaya, event bhi shuru ho gaya tha aur sab students bhi baith chuke the.

Baad mein pata chala, ki wo students ki line Whitehall ki thi. Main bahaut pachtaya ki, kya kharab kismat hai yaar, aate hue dekhta to khush ho jata, ab bheed mein kaise dekh paunga. Maine koshish kari baar baar us bheed mein ek anjaan chehre ko talaashne ki, ek aisa chehra jo apna tha magar phir bhi tha anjaan.

Us pure event ke dauraan, mujhe baar baar yahi ghabrahat ho rahi thi ki, ek mauka mila hai pichle 3 mahino mein, bhagwaan, isey zaaya mat jaane dena. Bas ek jhalak, sirf ek jhalak dikh jaye, zyada kuch nahi.

Event khatm hua, thodi hi der mein us ground mein itni bheed ho gayi ki us ek chehre ko talaashna ab ek challenge se kam nahi tha. Bahaut dhunda, bahaut zyada dhunda lekin wo chehra mila hi nahi. Main bhi ek aisa chehra dhundne ki koshish kar raha tha, jise dekha tak nahi tha.

Maine socha ek baar bus ki taraf jaake dekhta hoon, bus agar khadi hogi, to matlab wo bhi hongi. Main gate ki taraf bhaag kar pahauncha, to waha Whitehall ki bus abhi bhi khadi hui thi.

Ab bas intezaar tha mujhe. Mere kuch janne wale dost the Whitehall mein. Main unhi ko bheed mein dhundne laga. Mujhe ek chehra dikha jo ki Whitehall se tha. Ek, do, teen, chaar, paanch ... paanchvi ladki kuch yoon dikh rahi thi. Lambi si, yahi koi 5 feet 5 inch height thi uski. Kaafi gori, kaafi sundar, kuch kuch ghunghrale baal, uski aankhon mein aankhein daali to kisi ko talaash rahi thi maano. Mujhe nahi pata tha ki wo Zoya hai ya koi aur, par meri nigaahein uske upar se hat hi nahi rahi thi.

Dus second aur guzre, uski nigaahein sarakti hui meri nigaahon se mili aur jaise hi mili, uske chehre pe ek muskurahat aa gayi. Bass ... main samajh gaya, ki ye Zoya hi hai. Us muskurahat ke baad ka manzar kuch yoon tha.

'Mili nigaahon se nigaahein main rok na paya khud ko. Dost khada tha mera peeche, girte girte usne sambhala tha mujh ko. Uske chehre se barasta noor mujhe usko dekhte rehne par majboor kiye ja raha tha. Wo dheeme dheeme sharmati, haule haule balkhati. Kya khubsoorti thi, kya adaa thi. Usey likhna, usey bayaan karna, uski khubsoorti ki tauheen thi maano.'

Main itna kho gaya tha, ki maine himmat hi na jutayi unke paas jaane ki, unse baat karne ki. Haisiyat se zyada khushi mil jaye to aap zyada khwaish nahi rakhte. Bas wahi haal hua mera.

Dus minute aur beete, phir sab chale gaye. Main wahi tha, wahi khada reh gaya, sochta raha unke baare mein, sochta raha ki, kaash ek rewind button hota, us lamhe ko phir se jee pata, ek baar phir se uska deedar main kar pata.

'O bhai! Itni batteesi kyu phaad raha hai? Kya ho gaya bhai? Sab chale gaye!' Shaurya ne mujhe hilate hue kaha.

'Chal bhai, aaj tera bhai bahaut khush hai, aaj meri taraf se tujhe ek extra samosa,' maine khushi zaahir karte hue kaha.

Ghar pahaunchne par sab log bas ek hi sawaal kar rahe.

'Kya ho gaya? Kyu khush hue ja raha hai?'

Aur main sab ko bas ek hi baat bol raha tha, 'Bhai koi insaan khush bhi nahi reh sakta kya?'

'Pagal hi haste hain bewajah,' Maa ne jaate jaate kaha.

Raat ko apna bistar hi laga raha tha tabhi mere paas ek text aaya.

'Bas ek sawaal hai mere mann mein jo mujhe khaye ja raha hai,' Zoya ne confused hoke pucha.

'Haan ji puchiye?' maine reply kiya.

'Aapne mujhe pehchana kaise? Matlab aapne mujhe kabhi zindagi mein dekha nahi, itni bheed mein aap ko aisa kaise laga ki yahi hai wo shaqs, aakhir kaise?' unhone surprise hote hue pucha.

'Zoya, ek baat humesha yaad rakhna, jab ek shaqs sachhi mohabbat karta hai na, tab jism ka koi hissa kaam nahi karta siwaye dil ke. Maine dil ki nazron se talaasha tha aapko, aur dil ki nazrein kabhi dhokha nahi khati. Hazaro ki bheed mein meri aankhein sirf ek hi shaqs par aake ruki, ye ittefaaq nahi ki main jis shaqs se itna pyaar karta hoon, wo shayad duniya ka sabse khubosoorat insaan hai,' maine pyaar se samjhate hue kaha.

'OMG! Koi itna pyaar bhi kar sakta hai kya?' unhone khushi se pucha.

'Abhi to shuruwaat hai is pyaar ki. Aagey aagey dekhiye hota hai kya,' maine baat ko khubsoorti se khatm karte hue kaha.

11

unka deedar, kya din aa gaye the

💗

Ab meri zindagi ka sabse khubsoorat waqt shuru ho chuka tha. Ishq mein thodi si manzuri mil jaye samne wale shaqs ki agar to sab Subhanallah! Zoya ab tak mujhe bahaut rok rahi thi mere pyaar ko zaahir karne se. Lekin 24 May ke baad se unke swabhaav mein kaafi badlaav aa chuka tha.

Wo mujhe itni to ijaazat de chuki thi ki, main apna pyaar zaahir kar paata verna ab tak jab bhi main unhe batane ki koshish karta ya manane ki koshish karta, wo irritate ho jaati aur baat khatm kar deti.

Meri khushnaseebi thi ki Zoya ko ehsaas ho chuka tha mere sachhe pyaar ka. Unki kya feelings hain ye baat samajh paana behad mushkil tha, kyunki tadpana aur zaahir na kar paana unke nature mein tha. Main jitna jhaank ke dekhta us dil mein, har baar niraash hi laut ta.

Lekin, ye baatein mujh par haavi nahi hoti thi, kyunki Zoya ne apne ghar ke paas ek tuition lagayi thi jiski timings 6 p.m. se 7 p.m. thi. Wo tuition rickshaw par jaati thi. Mujhe wo nikalne se pehle kabhi batati nahi thi aur laut te waqt bhi nahi.

Main humesha unhe dekhne ke liye waha andaaze se pahaunch jata tha aur kahi door khade ho kar dekhta tha. Jab unki nazar mujh par padti to wo khush ho jaati, aur meri nazrein un par padna to mera pura din hi bana deta tha.

'Koi aaj safed libaas mein ekdum gazab dha raha hai.'

Aise messages bhej kar main unhein chhedta tha aur wo mujhe dhundne lag jaati thi. Sach kahu, to isse main unki sirf tadap badata tha aur jab bhi mujhe ye tadap unki nazron mein dikhti, mujhe ehsaas hota ishq ka apne liye, magar na jaane kyun, wo kabhi kehti nahi ki unke mann mein bhi kuch hai mere liye.

Zoya ki ek sabse kharaab aadat ye thi, ki wo dusro ki baato par vishwaas kar leti thi aur apne insaan par, jo unse din raat baat kar raha hai, ye daave ke saath keh raha hai ki, wo pyaar karta hai, uski baato par vishwaas nahi karti.

Unhein dekh kar mann bhar liya karta tha aur jab bhi unhein dekhta, unhein paane ka, apna banane ka junoon is kadar sar chad jata tha ki kayi baar rona nikal jaata tha mera, ye soch soch ke pareshaan ho jaata ki kaise vishwaas dilau Zoya ko?

Mere liye kabhi relationship mein aana zaroori nahi tha. Mere liye zaroori tha unka mujhse pyaar karna. Na jaane kitni door leke jaane wala tha ye ek tarfa pyaar mujhe. Bas chal diya tha musafir ki tarah main. Filhaal to khud hi chal raha tha is ummeed mein ki wo thamengi haath mera bhi, lagayengi dil mujhse bhi.

12

woh din aakhiri tha, par mohabbat ka ant nahi

♥

Zoya ka dil, ek baar bharosa tootne ka sadma bardasht kar chuka tha, shayad ab aur nahi kar payega. Wo chah ke bhi mujh par bharosa nahi kar rahi thi. Main unko apni baato se khush zaroor kar pa raha tha, lekin shayad unka dil jeetna itna bhi asaan nahi tha, jitna main samajh raha tha.

Khair, main unko har cheez mein support karta, unke khaane peene ka khayal rakhta. Unka dhyaan rakhne ki zimmedari ko apna dharm samajh kar nibhata. Dawaiyo ka khayal rakhta. Mujhe nahi pata mera haq tha ya nahi tha unki is tarah parwah karna, lekin main bhi bahaut ziddi tha, wo jitna mujhe rokti thi ye sab karne se, main har baar apni zid ko aagey le aake us kaam ko pura karta.

'Zoya, jab maine aapko bola hai, dupeher ki miss nahi karni hai dawai, toh phir aap laparwaahi kyun karti hain?' maine daant te hue kaha.

'Yaar Anubhav, nahi yaad rehta aur ye kya mujhe chota bachha samajh ke daant te rehte ho. Main apna khayal khud rakh sakti hoon, mujhe kisi ki zaroorat nahi,' Zoya ne gusse mein kaha.

'Haan dikhta hai aap kitni badi bachhi hain aur aap kitna khayal rakhti hain apna,' maine jawaab diya.

Thodi si daant lagata, zyada pyaar karta, kuch is tarah ka pyaar tha mera Zoya ke liye. Kabhi baat karte karte 5 minute deri ho jaye unka reply aane mein, to turant fikr karne lagta ki koi dikkat to nahi hui aur us fikr mein aksar call kar leta.

'Aur bataiye, kya kar rahi hain aap?' maine school se aake message kiya.

Pura din nikal gaya, raat bhi dhalne lagi, mere paas message ka koi reply nahi aaya. Call karne par koi jawaab nahi. Ek din beeta, do din beete, koi jawaab nahi. Jaha main pal bhar nahi reh paata tha unke messages ke bina, ab pure do din beet chuke the.

Main tuition ke waqt bhi pahaunchta to mujhe unka rickshaw nahi dikhta, mujhe samajh nahi aa raha tha aakhir kya ho raha hai ye?

Ek din achanak, 4 Aug 2012 ki shaam ke waqt main unka intezaar kar raha tha, tabhi mujhe door se ek richkshaw aata hua dikha, wo Zoya hi thi. Maine dhyaan se dekha to wo kaafi upset lag rahi thi, maine usi waqt message kiya, 'Sab thik to hai na Zoya?'

Unhone neeche phone mein dekha aur mera naam padhte hi sar upar kar liya. Mujhe samajh nahi aaya ki, ye aakhir chakkar kya hai. Maine ghar pahaunch kar bahaut messages kiye.

'Bolo?' Zoya ka message aaya.

'Bolo matlab? Kya hua, aakhir baat kya hai? Kaha ho aap do din se?' maine reply kiya.

'Yahi hoon, maine dekha nahi tumhara message,' Zoya ne bahaut hi normal tareeke se reply kiya.

'Achha, 2 din se aapne apna phone check nahi kiya? Sach sach bataiya kya hua hai?' maine zor dete hue pucha.

'Pehle kasam khao meri ki tum mujhse puchoge nahi ki ye baat mujhe kisne batayi hai?' unhone kaha.

'Theek hai, magar batao to hua kya?'

'Tum dusro se ye kehte ho ki tumhara aur mera relationship chal raha hai?'

Mujhe samajh mein nahi aa raha tha ki kisne ye sab bol diya, kyunki maine kisi ko bhi ye sab nahi bataya tha, siwaye Ankit ke, in fact, main kisi se ye sab share bhi nahi karta tha. Main wo ladka nahi jo dusro ke samne show off karoon, bina kisi relationship ke, mujhe cheezo ko private rakhna pasand tha. Lekin maine is baare mein kabhi kisi ko nahi bataya tha.

Phir bhi, maine Zoya ko bahaut samjhane ki koshish kari ki maine kisi ko nahi bataya, logo ne apne aap afwaahein failayi hongi. Thodi der mein Zoya maan gayi, magar mujhe is baat ka bura lag raha tha, ki wo mujh par bharosa na karke, kisi aur ka bharosa kar rahi hain.

Raat ke 8.30 baje unki doosri tuition ka time ho chuka tha, ghar pe unhe padhane ek teacher aa rahe the. Wo phone rakh ke padhne chali gayi.

Yahi kuch raat ke 8.52 baj rahe the ki achanak mere paas Zoya ke number se ek call aayi. Zoya bahaut hi ghabrai hui thi aur dabi awaaz mein baat kar rahi thi maano kisi se chhup ke baat kar rahi ho.

'Kya hua Zoya? Itni ghabrai hui kyun ho?' maine unse pucha.

Unhone mujhse kaha ki ek gadbad ho gayi hai. 'Meri mummy ne tumhare messages padh liye hain aur wo tumhare baare mein puch rahi hain, main jo jo sawaal puchu uska jawaab de dena please,' unhone dabi awaaz mein kaha.

Main kaafi ghabra gaya, mujhe samajh nahi aa raha tha main kya karu, bas unse itna keh kar reh gaya ki, 'Puchlo jo puchna hai, bas aap ghabrana mat.'

Unhone mujhse sawaal puchne shuru kiye, mere naam se lekar, main kaha rehta hoon, main kaun se school mein hoon, mere papa kya karte hain, meri aur Zoya ki baat kaise shuru hui?

In sab sawaalo ke jawaab dete dete mujhe kaafi shaq hua, ki ye Zoya nahi koi aur hai, kyunki ye jawaab to Zoya ko bhi pata the aur wo ye sawaal mujhse aise kyun karegi jaise unhein pata nahi. Wo sawaalo ka silsila aur gambhir ho gaya jab unhone mujhse pucha ki, 'Kya tum mujhse shaadi kar loge? Tumhari mummy papa ko koi dikkat to nahi, ki tum ek Muslim ladki se shadi karoge? Agar in sab cheezo mein tumhari haan hai, tabhi main tumse aaj ke baad baat karungi, verna nahi.'

Meri ghabrahat khatm hi na hui maano. Aisa lag raha tha jaise kisi ne reality check de diya ho. Aise sawaal kabhi mujhse Zoya ne bhi nahi kare the. Wo call kat chuki thi. Bahar baarish mein main sadko par idhar se udhar ghum raha tha, kabhi rona aa raha tha, kabhi kuch.

Dus minute ke andar ek baar phir us number se call aayi aur unhone kaha, 'Main Zoya ki mummy bol rahi hoon aur itni der se aap jisse baat kar rahe the wo Zoya nahi main hi thi.'

Mera shaq yakeen mein badal chuka tha, unhone mujhe bolne ka mauka hi nahi diya, agle 20 minutes tak mujhe bas samjhaya ki, ye sab galat hai, tum abhi chote bachhe ho, pyaar vyaar ki umar nahi hai tumhari. Mujhe samjhate samjhate unhone Zoya pe kayi baar haath uthaya, unki rone ki awaaz mujhse suni nahi ja rahi thi.

Main ghar aaya, apna mu dhoya aur apni maa ke room mein jaa kar unki god mein sar rakh kar let gaya. Wo us saal ki aakhiri raat thi jab meri Zoya se baat hui thi.

Uske baad unka mere paas kabhi message nahi aaya. Mujhe din raat unki yaad satati, bahaut mann karta unse baat karne ka, bahaut mann karta unki awaaz sunne ka. Ghabrahat mein kabhi unhein ek message bhi nahi kar paata ki, agar baat unki mummy tak pahaunch gayi to is baar baat aagey badh jayegi.

13
ummeedein guzarti gayi waqt ke saath

♥

Wo din, 4 August 2012, aakhiri tha jab meri Zoya se baat hui thi. Uske baad guzarte har din maine bas khuda ke aagey sar jhukaye ek hi dua maangta ki Zoya se ek baar baat kara do.

Kitni baar mera rona nikal jaata tha, lekin meri ummeedein kabhi khatm nahi hui. Mujhe kahi na kahi lagta tha ki, wo ayengi ek din, wo ek din zaroor ayengi, bhale hi ek pyaar ki tarah na aaye, lekin ek dost ki tarah zaroor ayengi.

Simran, jo ki unki kaafi achhi dost thi aur meri bhi, main ussey Zoya ki har khabar rakhta tha, ki wo kaha hai, kya kar rahi hai, har thode din mein uski jaan khata rehta tha, ki bata bata, kaha hain wo ab, kya kar rahi hain. Usi ne mujhe bataya ki wo ab Aligarh wapas ja chuki hai.

Aaj dedh saal beet gaya tha mujhe unki awaaz sune hue. Unke baat karne ka andaaz, unki hasi, ye sab bahaut yaad aata tha. Main abhi tak apni zindagi mein aagey nahi badh paya tha, wahi fasa hua tha.

Sach batau to mujhe aagey badhna bhi nahi tha. Maine usey meri love story ka 'the end' samjha bhi nahi tha. Mujhe pata tha meri kismat mein wo hai. Kab hai, kab tak hai, bas yahi sawaal mere bhagwaan se the.

'Tu kab tak intezaar karega uska? Usey fark padh raha hota to wo aati na, uske mann mein tu kahi bhi hota to wo ek message to karti kam se kam, tu faltu mein wait karke apna time waste kar raha hai,' Ankit ne mujhe samjhane ki koshish kari.

'Yaar Ankit, mere liye itna asaan nahi hai maan lena, ki ab sab khatm ho gaya hai. Mujhe ummeed hai, mujhe uski dosti par nahi, par apne pyaar par pura bharosa hai, ki wo zaroor kheech layega usey mere paas,' maine Ankit ko samjhane ki koshish ki.

Mujhe nahi pata tha ki main apne aap ko jhoothi tasalli de raha hoon ya apne dosto ko. Lekin jaisa bhi tha, jo bhi tha, bas yahi tha.

Main Zoya ko roz kam se kam ek message karta tha jab se wo wapas Aligarh gayi thi. Kitni baar calls bhi karta, lekin kabhi kisi call ka jawaab nahi deti woh. Unke dil aur dimaag par wo haadsa kaafi gehra asar kar chuka tha. Main sochta bhi ki, itni koi badi baat nahi hai, agar ghar se door ho tum, at least tab to baat kar lo, lekin nahi, unhone phir baat hi nahi kari. Phir bhi maine kabhi haar nahi maani.

14
wo college ka pehla din

♥

Twelfth ke board exams dene ke baad hum sab ke mann mein bas ek hi baat ghumti hai: Ab aagey kya karna hai? Jab se padhai se dhyaan hata tha, uske baad se apne career ko seriously kabhi liya hi nahi.

Jaha jaha bheed chalti thi, udhar hi main chalne lagta. Jitne bhi dost the, sab ke kuch na kuch plans the, kisi ko kisi competition ki tayaari karni hai, kisi ko bade college mein admission lena hai aur mujhe kya karna hai, kuch pata hi nahi tha.

Maine kaafi socha uske baad decide kiya ki Bareilly se hi BBA kar leta hoon, thoda sa time milega sochne ka aur kuch naya seekhne ko bhi milega. Maine Invertis University mein admission liya, kyunki pure Bareilly mein ek Invertis hi aisa college tha, jiska naam padhai mein tha.

24 August 2014, college ka pehla din. Ek anjaan duniya, har ek chehra anjaan. Kabhi kisi se baat karne ki himmat

nahi hoti thi, na hi dost banane ki. Is nayi duniya mein kadam rakhne se pehle socha tha, shayad wo purani baatein, purane log peeche chhut jayenge aur zindagi ki ek naye sire se shuruwaat hogi, ummeed to yahi thi.

Pehla din bahaut ajeeb tha waha, na kisi se baat kari na introduce kara khud ko. Pura din bitane ke baad jab apne room par aaya, to khud se puchta. Aaj 2 saal beet chuke hain, Zoya kya kar rahi hogi? Kaha hogi wo? Theek to hogi na? Aisa sochte sochte unko message kar deta, isi ummeed se ki wo reply karengi ek din. Ye sochte sochte so jaata, har din.

Is naye routine mein dhalne ke baad kabhi kabhi aisa sochta ki, main kisi aur ko mauka de du, khatm karne ki koshish karu apne dil se wo saari feelings, aakhir kab tak ye chalega? Kab tak main bas unka intezaar karunga?

Aapki zindagi mein wo waqt aata hai jab aap thak jaate ho, logo se ummeedein lagate lagate, unka intezaar karte karte. Ye wo situation thi, jab mujhe ye samajh nahi aa raha tha ki mujhe ab unka intezaar karna hai ya unhein humesha ke liye alvida kehna hai.

Logo ki zindagi mein college ki shuruwaat ek nayi umang lekar aati hai, naye logo se mil ke achha lagta hai, khushnuma ehsaas hota hai. Par yaha, yaha to aisa kuch tha hi nahi, purani yaadein aur purane logo ka dil aur dimaag par bojh liye aagey badh rahe the, na jaane kitni door thi manzil.

Zoya ne apni schooling complete kar li thi, wo humesha se doctor banna chahti thi, kyunki unke papa ka sapna tha unhein doctor banta dekhna, wo to rahe nahi, to Zoya khud hi is sapne ko pura karne nikal padi thi ghar se.

Delhi se Aakash Institute se tayaari karne me jut gayi thi, ye news bhi mujhe Simran ne hi di thi. Main Simran se bhi kayi dafa guzarish karvata, lekin wo guzarishein kabhi puri hi nahi hoti. Wo kabhi tayaar hi nahi hoti mujhse baat karne ke liye.

Kabhi kabhi main sochta bhi aakhir kaise koi insaan itna patthar dil ho sakta hai? Kaise unhein kabhi ye mehsus nahi hota ki, koi har din, har guzarte lamhe ko gin raha hai aur intezaar kar raha hai tumhara. Kabhi to apni aankhein kholo, kabhi to lauto.

College mein ab apne bhi group bann chuke the. Apne section mein mere sabse kareeb kuch log the, unme Honey, Hanisha, Gopika, Anmol aur Kajol the. Ek saath beth te aur waqt kaha guzar jata tha, andaaza lagana bhi mushkil tha. Pura din, hasi mazaak hoti thi. Dusre section mein thi meri best friend, Pawni.

Pawni se meri dosti college shuru hone ke ek mahine baad hui thi. Bilkul mere jaisi thi, pagal si. Choti si best friend thi meri, jaha main 5 feet 10 inch tha, uski height mehez 4 feet 5 inch thi, ya ussey bhi kam. Hum dono kaafi maze kiya karte the. Wo dusre section mein thi to sirf break mein hi milta tha ussey aur phir college over hone ke baad.

Pawni ki dost thi Tulya aur Suvigya, jo ki ab meri bhi dost ban chuki thi. Hum chaaro ki bonding bahaut achhi thi, waqt kaha guzar jata tha pata bhi na chalta. Apne saare dosto ke saath pura din bitate bitate main kahi na kahi apne past ko peeche chhod raha tha.

Main aksar ye sochta, mujhse milke ye sab log mujhe itni ehmiyat dete hain, lekin aisi kya kami thi mere pyaar mein, jo aaj tak Zoya ye ehmiyat mujhe na de saki. Ehmiyat chhodo, ek achhi dost bhi nahi ban payi, phir bhi uske liye itna marta raha main, raha kya, aaj bhi mar raha hoon, har din, har lamhe mar raha hoon.

15
ab hadd hi ho gayi thi

♥

Us din mujhe ye baat bahaut mehsus ho rahi thi, to gusse mein maine ghar jaa kar Zoya ko ye message likh diya.

'Mujhe nahi pata aap aaj reply karogi ya humesha ki tarah nahi, lekin ek baat puchna chahta hoon main aapse. Aakhir kya kami hai mere pyaar mein, ya dosti mein bhi? Jo aaj tak aapne mujhse ek baar bhi baat nahi ki, ya haal chaal lena tak zaroori nahi samjha in do saalo mein. Insaan ko itna bhi selfish nahi hona chahiye.'

Ye message maine college se aate hi kiya tha. Mujhe nahi pata tha ki is message ka asar un par hoga bhi ya nahi. Lekin phir bhi maine intezaar kiya. Phir maine Pawni ko message kiya aur ussey baat karne laga.

Raat ko main dinner kar raha tha tabhi mere phone pe ek notification aayi.

'New text message from Zoya Khan.'

Intezaar hua khatm, mujhe nahi pata us message mein kya likha tha, maine socha bhi nahi kya likha hoga, mujhe sirf wo notification dekh kar itni khushi mil rahi thi ki main kya batau bas. Aisa laga jaise unhone apne pyaar ka izhaar hi kar diya maano.

Mere aansu behne lage, maine kaafi sambhala apne aap ko. Khud ko samjhaya ki koi intezaar zaaya nahi jaata, jab wo mohabbat aur imandaari se kiya jaye. Mere saath bhi wahi hua. Main khushi se jhoomne hi laga maano. Do saalo ki dua kaam aayi.

'Hello, kaise ho?' Zoya ne likha.

'Main ab tak thik tha ya nahi tha, lekin ab bahaut zyada achha mehsus ho raha hai. Aapko idea bhi hai, maine aapka kitna intezaar kiya hai. Is ek message ka kitna intezaar kiya hai.'

Ye likhte likhte main berehmi se rone laga, par afsos, chup karane wala koi na tha, apne hi in haatho ke alawa.

'Kyun intezaar kar rahe the? Maine kaha tha intezaar karne ke liye? Move on karna nahi aata kya tumhe? Kab tak ek hi jagah par atke rahoge zindagi mein?' Zoya ne kaafi gussa karte hue kaha.

Wo pehli baar tha jab mujhe usi insaan ne ye ehsaas dilaya tha ki main kitni galat jagah apna dil laga ke baith gaya hoon. Mere aansu bhi maano sukh gaye the ye padh kar. Bahaut bura laga mujhe. Maine us message ka koi reply nahi kiya.

Sone se bas kuch der pehle Zoya ka ek aur message aaya.

'I'm sorry Anubhav, mera mood thik nahi tha. Maine aap se bhi badtameezi se baat kari, really sorry.'

Thodi der tak reply na dene par unki call hi aa gayi.

'Suno? Maafi dedo,' Zoya ne bahaut meethi awaaz mein kaha.

Zindagi mein pehli baar, mere samne itni cute bani wo ki pighalne ke alawa mere paas koi dusra option hi nahi tha.

'It's okay! Aapne to beizzati hi kar di meri, mere pyaar ki aur mere intezaar ki.'

'Yaar, I'm really sorry, mera mood thik nahi tha, maine zara bhi nahi socha main kya kar rahi hoon,' Zoya ne afsos jatate hue kaha.

'Achha mood kyun off tha?' maine pucha.

'Wo mera ek subject clear nahi hua, isliye mera mood kharab tha,' Zoya ne kaha.

'Koi baat nahi, Zoya, zindagi mein pass, fail hona to laga rehta hai, is ek subject mein aap pass nahi ho payi to kya hua, agli baar is subject ko thoda aur dhyaan se padhna, zaroor clear ho jayega,' maine pyaar se samjhate hua kaha.

'Tum har cheez ko itna aasan kaise bana dete ho? Pichle 2 ghante se main ro rahi hoon, mere saare friends mujhe samjha samjha ke thak gaye, mujhe samajh nahi aaya, tumne ek line boli aur mujhe kitna relief mil raha hai, main bata nahi sakti,' Zoya ne kaha.

Mujhe samajh hi nahi aaya ki ye ho kya raha hai. Pehle Zoya ka reply aaya 2 saal baad. Phir Zoya ne maafi maangi kisi cheez ke liye, jo kabhi nahi maangi thi. Phir Zoya ne khud se call bhi kari, jo kabhi nahi ki thi. Phir ye ehsaas dilaya ki main baaki sab se alag hoon. Maine sar utha ke bhagwaan se bola, 'Aaj hi nikah bhi padhva doge kya?'

Gazab ka din tha ye, itne saalo ke dard par marham ek saath laga diya tha maano. Wo baat cheet chali kareeb ek ghante, main bahaut roya, unhone chup bhi karaya, maafiya bhi maangi aur mujhe ek ehsaas dilaya ki wo aa gayi hai aur kahi nahi jayegi ab. Zoya kabhi pehle aisi thi hi nahi, aaj wo itni badli badli si lag rahi thi, itne khule mijaaz ki, agar pasand hoon to dikha bhi rahi thi, na jaane kya hua tha unhein.

'Zoya, ek sawaal puchu?' maine dheemi si awaaz mein pucha.

'Haanji, pucho,' unhone reply kiya.

'Aapne mujhse 2 saal mein ek baar bhi baat nahi kari? Aakhir kya hua tha us raat? Kyun aapne ek baar bhi haal chaal lena zaroori nahi samjha?' maine pucha.

'Actually, us raat mujhe kaafi maara tha mummy ne aur dhamki de di thi ki aaj ke baad tumse baat kari toh seedha tumhare ghar jayengi aur shikayat karengi tumhare parents se. Isliye, tumhari hi wajah se maine tumse baat nahi kari, kyunki main nahi chahti thi ki meri wajah se tumhe koi bhi problem ho,' unhone samjhaya.

Us waqt mere dil mein Zoya ke liye izzat badh gayi aur maine purani sab baatein chhod ke aage badhne ka faisla liya.

16
nazdeekiya badhti gayi

♥

Yeh December tha, jab mere kareeb Zoya aane lagi thi, mujhse baat karne lagi thi. Main ab apne pyaar ke baare mein khul ke baat kar pa raha tha. Main aksar jis cheez ke liye mana kar deta tha Zoya se, wo karna chhod deti thi. Mujhe aisa lag raha tha jaise, Zoya ko in 2 saalo mein achanak ehsaas ho gaya mere pyaar ka. Ab ye pyaar unki taraf se tha ya nahi, bas ye pata nahi chal pa raha tha.

'Zoya ab to aap Delhi mein ho, ab hum mil sakte hain kya?' maine Zoya se pucha.

'Sahi waqt aane par zaroor,' Zoya ne reply kiya.

'Yaar ek baat batao, ye sahi waqt exactly hota konsa waqt hai? Jab dekho bas sahi waqt aane par milenge, sahi waqt aane par ye hoga, wo hoga. Aakhir kab ayega ye sahi waqt?' maine gusse mein pucha.

'Arey baba, jab aa jayega sahi waqt main khud bula lungi, mere bhi exams hain aur aapke bhi exams aane wale hain,' Zoya ne kaha.

'Haan haan, jab dekho bas bahane banati rehti hain aap,' maine kaha.

Bas us din ke baad se main intezaar karne laga Zoya ka, ki kab wo kahengi milne ke liye aur main kab milunga. Uske kuch din baad mere bhi exams shuru ho gaye aur unke bhi. Humne apne apne exams diye aur uske baad main Rampur aa gaya.

Wo apne saare exams clear kar chuki thi aur phir thode hi waqt baad unhone bhi kaha ki, 'Main Rampur aa rahi hoon,' wajah thi mummy. Mummy ne bula liya tha. Mujhe zyada khushi nahi hui, kyunki Rampur jaise sheher mein aap khul ke nahi mil sakte kisi se, yaha ke logo ki soch aur mahaul thik nahi tha. Chota sa sheher tha, sabko pata chal jata.

Khair, phir maine milne ke liye zyada zor nahi diya, lekin dekhne ki ichha zaroor hoti thi. Main aksar unse keh deta tha, agar kahi bahar jayein to bata ke jayein, taaki main kam se kam dekh pau.

Zoya jab jab bahar jaati, meri kismat se main har baar unhein dekh leta tha aur itna khush ho jaata tha, maano jannat hi naseeb ho gayi ho. Is sab ka asar ab unke dil par bhi padne laga tha.

Jis tarah main zaahir karta ki mujhe unhein dekh kar khushi hui, usi tarah wo bhi zaahir karti ki unhein mujhe dekh kar bhi bahaut khushi hui.

Mujhe samajh nahi aa raha tha ki main kitna vishwaas karu is baat par, lekin main bas khush tha aur isi tarah khush rehna chahta tha.

Mujhe apna pyaar muqammal hota dikh raha tha. Teen saal tak ek tarfa mohabbat karne ka sila ye mil raha tha. Meri ummeedein bhi badhti ja rahi thi aur vishwaas bhi.

'Zoya, thank you,' maine sukoon zaahir karte hua kaha.

'Thank you kis liye?' unhone pucha.

'Zoya, meri zindagi mein wapas aane ke liye,' maine kaha.

'Mujhe jana hi nahi chahiye tha, yahi sukoon hai aur kahi nahi,' Zoya ne aur bhi sukoon se kaha.

Zoya ki is tarah ki baatein mere jism ke katre katre ko majboor kar rahi thi ki main unhein jee jaan se pyaar doon aur itna chaahoon ki wo dobara kabhi jaye hi na mujhe chhod ke.

17
jab ishq sar chad kar bolta hai

❦

Bole bhi kyun na, mehboob jab laut aaye zindagi mein to ishq sar chad kar hi bolta hai. Zoya ab laut aayi thi puri tarah, mere liye isse badi aur khushi ki baat thi hi nahi. Wo daur sirf mohabbat ka tha, sirf mohabbat. Dost bhi mujhe dekh ke bahaut khush hote, kyunki ab main unke aagey rota nahi tha.

'Kya baat hai bhai, aaj kal khushi ka koi thikana hi nahi hai tumhari, lagta hai sab kuch set ho gaya,' Honey ne chhedte hue kaha.

'Bhai wo wapis aa gayi, puri ki puri zindagi set ho gayi, ab aur kuch nahi chahiye,' maine muskura kar kaha.

Kuch din yuhi guzre, January mein baatein gehri hui, February mein jazbaat gehre hue aur March aate hi maine ek baar phir apne pyaar ka izhaar kiya, kyunki mujhse raha nahi jaa raha tha.

'Zoya, maine aapka 3 saal intezaar kiya, main ye nahi kahunga ki aaj se pehle mujhe kabhi aapke liye aisa mehsus nahi hua, pyaar mujhe pehle din se hai, beintehaan hai. Bas aaj har baar se zyada mehsus kar raha hoon. Mujhe nahi pata mujhe ye saabit karne ki ab zaroorat hai ya nahi, ya ye waqt sahi hai ya nahi, bas aaj main aapko batana chahta hoon jee bhar ke ki kitna pyaar karta hoon aap se.'

Zoya ne mujhe beech mein rokte hua kaha, 'Anubhav, I love you!'

18 March 2015. Kuch waqt ke liye meri aankho ke aagey andhera cha gaya, mujhe samajh hi nahi aaya ki ye do second pehle mere saath kya hua. Zoya ne mujhe I love you bola. ZOYA NE MUJHE I LOVE YOU BOLA!

Main apne aap ko baar baar ye bata raha tha, aankhon mein aansu liye has raha tha. Jaise filmo mein hota hai, tez hawayein chalna, background mein halka dheema koi gana bajna.

Mujhe yakeen nahi ho raha tha ki Zoya ne mujhe I love you bola, mujhe yakeen hi nahi ho raha ki Zoya ne mujhse wo 3 jadui alfaaz kahe. WOW! Mera mann kar raha tha main cheekh cheekh kar duniya ko bata doon ki aaj mera pyaar muqammal ho gaya. Bata doon ki intezaar karne ka fal kitna zyada meetha hota hai.

Chaar saal, lag bhag chaar saal maine intezaar kiya is din ka, is lamhe ka aur aaj wo din aa hi gaya.

'Main kitna tadpa hoon, kitna roya hoon, har din, guzarta har lamha maine intezaar kiya hai is din ka, jab main tumse sun pau apne liye ki kitna pyaar hai tumhe. Sach batau Zoya, mujhe pura vishwaas tha ki ek din tumhe zaroor ehsaas hoga,' maine khushi zaahir karte hue kaha.

'Intezaar, sirf yahi wajah hai jo main khud ko rok nahi paayi. Mujhe usi din is baat ka ehsaas ho gaya tha jab maine tumhe itne saal baad message kiya aur tumhare dil mein utni hi izzat thi mere liye, jitni 3 saal pehle. Tumse jitni izzat mujhe mili hai, utni to mere ghar se bhi mujhe nahi mili. Mere liye tumse perfect koi ho hi nahi sakta,' Zoya ne samjhate hua kaha.

'Zoya, thank you mujhe samajhne ke liye, mere jazbaato ki kadr karne ke liye. Main tumhe bahaut kuch batana chahta hoon, lekin pata nahi kyu main bata nahi pa raha, zaahir nahi kar pa raha apne pyaar ko,' maine aankhon mein aansu liye kaha.

'Koi baat nahi, aaj tak tumne zaahir hi kiya hai, ab khamoshi ki zaroorat hai. Is pal ko aankh band karke jeene ki zaroorat hai. Kyunki mere se zyada tumhare liye ye moment special hai,' Zoya ne kaha.

Mann to kar raha tha samne hoti to gale laga leta aur subah tak peeche hat ta hi nahi. Par afsos, baat messages par ho rahi thi aur mere paas Maa ke alawa koi tha nahi jisko main hug kar saku, to maine unhi ko gale laga liya.

20 April 2012 se 18 March 2015 tak ka ye safar khubsoorti, dard, romaanch aur bahaut saare intezaar se bhara hua tha. Aap kisi se pyaar karo, intezaar karo aur aakhir mein wo aapko apna lein, isse badi baat kuch aur nahi.

18

tum mohabbat nahi, ibaadat
ho meri

♥

Waqt beet ta gaya aur humara rishta gehra hota gaya. Hum purani baatein karte, kaise hum mile the, kaise hum alag ho gaye, lekin khuda ko bhi pata tha hum dono ek dusre ke liye perfect hain, isliye unhone humein aakhir mein mila hi diya.

Ab Zoya meri tareef karti thi, kaise maine unka intezaar kiya, kitna pyaar karta hoon main, kitna pyaar hai unke dil mein mere liye, wo sab kuch batati thi mujhe.

'Main ye to nahi kehti ki mujhe tumse utna hi pyaar hai jitna tumhe hai, lekin itna zaroor kahungi, kabhi tumhe ye mehsus nahi hone dungi ki tumhe meri zaroorat hai aur main tumhare saath nahi. Main humesha saath nibhaungi,' Zoya ne dheemi awaaz mein kaha.

'Mujhe kuch nahi chahiye tumse, siwaye tumhare pyaar ke, kyunki sirf wahi ek cheez thi jiske liye main tarsa hoon har pal,' maine kaha.

'Befikar raho, main hoon na ab,' Zoya ne tasalli dete hue kaha.

Main humesha se chahta tha ki, Zoya mujhe apna sab kuch maane, mujh par apna haq jataye, apni har baat mujhse share kare, apne saare sukh dukh mujhe bataye. Main har tarah se Zoya ko jeetna chahta tha. Mujhe pata hai in sab cheezo ko thoda sa waqt lagta hai aane mein aur main ye waqt dene ke liye tayaar bhi tha.

'Anubhav, aapko pata hai na, mere paas din mein zyada waqt nahi hota, jo thoda sa milta hai, sirf usi mein baat ho sakti hai humari. Kya aapko us waqt zaroori hai busy rehna?' Zoya ne naraaz hote hue kaha.

'Baba, main sach mein kisi zaroori kaam se chala gaya tha, main aagey se dhyaan rakhunga, dupeher ka waqt sirf aapke liye hoga. Please baby, mujhe maaf kar dijiye!' maine maafi mangte hue kaha.

Aisi choti choti naraazgiya, ladaiya, humein ek dusre ke bahaut kareeb laati ja rahi thi. Na chah ke bhi, Zoya apne aap ko rok nahi paa rahi thi meri mohabbat mein doobne se aur main unhein humesha itna azaad rakhta ki wo khul ke mujhse zaahir kar paati, khul ke saans le pati mere saath.

Bhagwaan ji, main bahaut pyaar karta hoon Zoya se aur mujhe apni zindagi unhi ke saath bitani hai. Please humein kabhi alag mat kariyega. Zoya aur unki family ko khub lambi umr dijiyega.

Is tarah main bhagwaan ke aagey sar jhukaaye har pal dua mangta rehta tha, unke liye, unki aur unki family ki salamati ke liye.

'Yaar, tumhe pata hai, maine kabhi itna pure lover nahi dekha! Matlab tum puri ki puri definition ho pure love ki. Har kisi ke andar koi na koi kami hoti hai, lekin tumhe dekh kar koi keh hi nahi sakta ki tum me koi kami bhi hai,' Zoya ne khushi se bataya.

'Aisa insaan hone se zyada, aise insaan ko samajhna padta hai aur aapne mujhe aisa samajh ke mere pyaar pe chaar chand laga diye,' maine jawaab diya.

Isi tarah ki khubsoorat baatein din raat hone lagi thi, pehle kabhi kabhi call pe baat hoti thi, ab awaaz sune bagair din hi nahi guzarta. Raat raat bhar call pe baat karte the.

'Anubhav, ek cheez mangu main tumse?' Zoya ne kaha.

'De diya,' maine bina puche hi keh diya.

'Arey, pehle puch to lo kya maang rahi hoon,' Zoya ne phir se kaha.

'Hehe, kaisi baat kar rahi hain aap? Aap kuch mangengi aur main sawaal bhi karu aap se, meri ye majaal?' maine pyaar se kaha.

'Phir bhi maang rahi hoon, sunlo,' Zoya ne zor dete hue kaha.

'Ji mangiye,' maine kaha.

'Maine bahaut saalo baad kisi pe vishwaas kiya hai, isey todna mat please,' Zoya ne namm aankhon se kaha.

'Zoya ji, ek baat yaad rakhiyega, vishwaas aapki taraf se bhale hi toot jaye, lekin meri taraf se kabhi nahi tootega,' maine dil se kaha.

'Hehe, paglu, main bhi kabhi nahi todungi,' Zoya ne muskurate hue kaha.

Agle hi din ek bahaut badi aur bahaut khubsoorat baat hui, Zoya ka pre-medical test ka result aa gaya aur unki rank kaafi achhi aayi. Maine khushi mein unke liye ek gaana bhi gaya, jisko sun ke wo bahaut khush hui.

Apni khushi zaahir main kuch is tarah karta tha. Har roz main Zoya ke liye ek video banata tha aur us video mein main apne pyaar ka izhaar karta tha, unhein batata tha ki wo kitni special hain mere liye aur main unke bina jee nahi sakta, kal raat ki baat ke baad mujhe kaisa mehsus ho raha hai, har ek cheez batata tha.

Jisko dekh kar Zoya itni khush ho jaati thi ki unki khushi unke bade se message mein dikh jaati thi. Agar koi aapke liye bada sa message likhta hai aur usme apne jazbaat zaahir karta hai, to samajh jao aap unke liye bahaut special hain.

Is beech ek khaas aur achhi baat hui, mere bade bhaiya ki shaadi hui, zyada shor sharabe se nahi, balki shanti aur apno apno ke beech hui. Us shaadi ki ek khaas baat thi, unki love marriage hui thi aur unka relationship 10 saal se bhi zyada purana tha, jo ki apne aap mein mere liye ek inspiration tha.

Maine Zoya ko jab apni picture bheji thi ready hoke, usey dekh kar unhone meri itni tareef kari thi ki bas, pucho mat. Jab shaadi ki saari rasmein kar ke hum log ghar aaye, to maine unhein bahaut kuch bataya, ki waha pe kya kya hua aur maine kitna imagine kiya khud ko aur unhein us shadi mein. Jab hum dono baithe honge waha, ek saath, shaadi ke mandap mein, to kitna khubsoorat ehsaas hoga na wo bhi.

Zoya sun kar bahaut khush hui, wo bhi kehne lagi ki humari shadi hogi to kitna khubsoorat ehsaas hoga na wo bhi. Ye sab baatein karte karte hum apni ek alag hi duniya mein chale gaye.

19
eid ka chand

Eid ki tayaari zor shor se chal rahi thi. Zoya se zyada main excited tha Eid ke liye. Kyunki ye Eid hi aisa festival hota hai jab Zoya ka husn zaroorat se zyada nikharta hai aur usko dekhna matlab jannat ki sair karna.

'Anubhav yaar, help karo na, achha sa suit dhudne mein,' Zoya ne upset hote hue kaha.

'Baba, maine aapko options bheji to thi, aap ko unmein se koi pasand nahi aayi kya?' maine pucha.

'Aayi hai, lekin mujhe bahaut confusion ho rahi hai, please help me na. Ye green colour wala ya black and white?' Zoya ne options dete hue pucha.

'Black and white ko done karo, dena bhi hai altering ke liye aur phir time bhi lagega ready ho ke aane mein,' maine solution dete hue kaha.

'Main pakka sundar to lagungi na?' Zoya ne pareshan hote hue pucha.

'Arey, ye sirf aapki khubsoorti pe chaar chand lagane waala hai, khubsoorat aap waise bhi hadd se zyada hain,' maine tareef karte hue kaha.

'Offo! Is ladke se kabhi normal tareeke se baat hi nahi hoti,' Zoya ne haste hue kaha.

'Ladka bhi to normal nahi hai, baat kaise normal karle?' maine pyaar se muskurate hue kaha.

Eid ab kuch hi din dur thi aur Zoya ki dress bhi alter hokar aa chuki thi. Zoya ne try kar li thi lekin mujhe na dikhane ki kasam hi kha li ho maano. Wo mere samne us libaaz mein Eid ke din aana chahti thi, kyunki wo sabse zyada excited thi mujhe dikhane ke liye aur main unse bhi zyada excited tha unhein dekhne ke liye. Tadpana to Zoya ke khoon mein hi tha maano, to bas, mujhe tadpaye jaye.

'Zoya, please ek baar suit pehen kar dikha dijiye na, bas ek baar, achha halki si jhalak hi dikha dijiye,' maine unse request karte hue kaha.

'Sabr kariye thoda, thoda tadpiye bhi. Suna hai, tadap badhne se pyaar bhi badhta hai,' Zoya ne shayraana andaaz mein kaha.

Zoya ki aisi baatein mere andar tadap itni zyada badha deti, ki thamne ka naam hi na le. Us raat mujhe excitement ki wajah se neend hi nahi aa rahi thi.

Main baar baar karvatein badalta, baar baar Zoya ko call karta, par afsos, Zoya so chuki thi aur mere paas ab koi option nahi tha sone ke alawa.

'Uth ja beta, 11 baj rahe hain aur kitni der sona hai tumhe?' Maa ne har baar ki tarah is baar bhi mere room ka AC off karte hue uthaya.

Uthne ke baad maine sabse pehle phone check kiya. Jaise hi maine power button dabaya, pata chala phone off hai. Maine dekha charging cable to lagi hui thi, par har baar ki tarah switch on karna bhul gaya tha. Maine phone charging pe lagaya aur apne bed se utha.

Bed se uthne ke baad main sabse pehle fresh hua, gaate gaate nahaya aur ready hoke apne room mein aaya. Room mein aakar apna phone check kiya to dekha Zoya ke 30 messages pade hain.

Dekhte hi main samajh gaya, beta aaj sahi se daant padne wali hai. Maine jaldi se phone unlock kiya to dekha 30 ke 30 Zoya ke pictures the.

Zoya kitni khubsoorat lag rahi thi, shabdon mein bayaan karna mushkil hi nahi, namumkin tha. Noor ki pari lag rahi thi meri Zoya, jaise jannat se seedhe bheja gaya ho mere liye. Wo black and white suit Zoya ki khubsoorti par chaar nahi, chaar sau chand laga raha tha. Unhein jitna dekhu, mann hi na bhare. Aisa lag raha tha jaise chand khud dharti pe utar ke aa gaya ho unki shobha badhane.

Main jab jab Zoya ko aise tayaar dekhta, meri aankhein bhar aati. Apne jazbaato par kabu na rehta mera, kyunki jab aap kisi se sachha pyaar karte ho na to uski khubsoorti ko dekh dekh aapko yakeen hi nahi hota ki, ye shaqs wakayi mein aapka hai? Bass, wahi haal mera tha.

Maine jee bhar kar tareefein kari Zoya ki, jee bhar ke unko bataya ki kitni khubsoorat lag rahi hain wo. Pichle kitne saalo se main WhatsApp par Zoya ki profile picture par unki Eid ke photos dekhta tha.

Magar is baar, ye pehli Eid thi jisme wo meri thi aur main unka. Is saal ke saare tyohar hum sang manayenge, ye soch soch kar main khush ho raha tha.

Meri tareefein sun ke Zoya itni khush hui ki ro hi padi. Unhein pata tha ki wo khubsoorat hain, lekin jab koi aapko sach mein ye ehsaas dilaye to aapki khushi ka thikana nahi rehta aur unki khushi, unhone apne aansuo ke zariye zaahir kari.

20
era ki dastak

❧

Eid nikal gayi, ab zindagi bas chal rahi thi. Guzarte har lamhe main ye baat sochta rehta. *Kaise main aur Zoya ek saath ho payenge future mein? Wo Muslim hai aur main Hindu, aakhir kaise manayenge hum apne parents ko?* Ye sawaal aksar meri raato ki neendein uda dete the. Raat bhar main sota nahi tha, har waqt ye khayal rehta tha zehen mein.

Main Zoya se bhi share nahi kar paata tha kuch, kyunki jis cheez ki wajah se wo 3 saal mere paas nahi aayi, unhein agar ye dikhaunga ki main usi baat se darr raha hoon, to unki to himmat hi toot jayegi. Mujhe unse bhi zyada strong rehna tha. Apne room ki window ke paas baith kar, haath mein chai ka cup lekar aise khayalo se lad raha tha.

'Zoya, saath to nahi chhodogi kabhi?' sochte sochte Zoya ko text kiya.

'Kaisi baat kar rahe ho Anubhav, mujhe to darr hai aap na chhod do,' Zoya ne reply kiya.

'Jab hum dono hi ek dusre ko khone se itna darte hain, to koi kyun alag hoga?' maine khud ko aur unko tasalli dete hue kaha.

'Bas to phir, ghabrana kaisa? Tension free raho, main tumhari rahungi,' Zoya ne baat ko khatm karte hue kaha.

Main aksar Zoya se baat karte karte bhaavuk ho jata tha, mujhe ghabrahat hone lagti thi, bechaini hone lagti thi aur wo mujhe jaise taise shaant karati thi. Mujhe ek ehsaas hota unke kabhi na saath chhodne ka.

Maine itne mahino mein ye kabhi socha hi nahi ki unhein ek din jana padega mujhse door. Mile hum kabhi nahi, lekin phir bhi, unke sheher mein hone se unke sang hone ka ehsaas hota tha, jo ki unke chale jaane par soona soona ho jayega.

Unhone kuch colleges mein apply kiya tha. Jisme se ek ERA's Lucknow Medical College tha. Maine unse kayi baar pucha, is college ka mahaul kaisa hai? Ragging wagarah to nahi hoti zyada? Mujhe unki bahaut fikr hoti thi.

'Ragging kahan nahi hoti? Ab ragging ke darr se bachha padhai karna thodi chhod deta hai. Aur waise bhi, medical college mein ragging na ho, aisa ho sakta hai?' Zoya ne mujhe samjhate hue kaha.

'Haan thik hai, lekin phir bhi, aapko apna khayal thoda zyada rakhna hoga, kyunki zyada zaroori hain aap,' maine reply kiya.

Kuch hi din beete ki us college se ek mail aa gaya, ki aap ka selection ho gaya hai. Main ek pal ke liye Zoya ke us message ko padh ke tham hi gaya. *Zoya ab chali jayegi, kya kabhi mil bhi payenge hum?* Kuch is tarah ke khayal aa rahe the mujhe.

'Yaaaay! Mera ERA mein selection ho gaya,' Zoya ne excitement mein mujhe call kiya.

'Yay! Congratulations, main bahaut khush hoon aap ke liye,' maine kaha.

'Kya baat hai? Is tarah fake khushi zaahir kyu kari aapne?' Zoya ne sawaal kiya.

'Nahi nahi, main khush hoon,' maine hichkichate hue kaha.

'Anubhav! Batao kya hua?' Zoya ne zor dete hue pucha.

'Yaar, main nahi chahta aap jao, par main aapko rok bhi nahi sakta, kyunki sawaal aapke career ka hai, aapke papa ke sapne ka hai, magar phir bhi, aapki yaad ayegi. Aap jab tak yaha thi, mujhe aisa lagta tha ki ek hi ghar mein hain hum, ab jab yaha se door chali jaogi to bahaut akelapan lagega. Kaise main aapko dekhne aata tha, ab guzrunga us jagah se to aapki bahaut yaad ayegi. Har chehre mein aap ko dhundunga, har khushboo kuch jaani pehchani si lagegi,' maine apne dil ki saari baatein zaahir kari.

'Awww, baby, mujhe miss karoge?' Zoya ne khush hote hue pucha.

'Bahaut zyada,' maine dil mein dard liye kaha.

'Main bhi aapko utna hi miss karungi, jitna aap mujhe,' Zoya ne gehri saans lete hue kaha.

Wo choti choti cheezein jo hum unke liye karte hain aur wo humare liye, hoti wo choti hain, lekin yaadein zindagi bhar ke liye ban jaati hain.

Wo Monday ko hi ja rahi thi Lucknow. Aaj ki subah mein ek maayusi thi, jaise chidiya bhi dukhi thi ki kal Zoya chali jayegi, jaise paudhe bhi murjha gaye the ye khabar sun ke, mahaul dhal chuka tha puri tarah.

'Yaar, mujhse ho nahi pa raha, Zoya,' maine haar ke message kiya.

'Anubhav, aap khud hi toot jaogey to mujhe kaun sambhalega?' Zoya ne dukhi hokar kaha.

'Yaar, main kya karu? Main accept nahi kar pa raha ki aap ja rahi ho,' maine kaha.

'Chinta mat karo, main aati jaati rahungi har thode din mein, jab bhi chuttiya padengi,' Zoya ne samjhate hue kaha.

'Achha, chalo aap apni packing karlo, aap ko kaafi tayaariya bhi karni hongi,' maine unhein zyada pareshan na karte hue kaha.

21
unka deedar hona hi tha

♥

Us din ek ek nivala khana mere liye bhari pad raha tha. Main bhavuk ho raha tha, aansu meri aankhon tak pahaunch rahe the, lekin phir bhi maine unhein bahar nahi aane diya, ki koi puchega to kya kahunga? Magar phir bhi, wo din bahaut mushkil tha mere liye.

'Kya ho gaya beta? Aaj tera mood itna off kyun hai?' Maa ne mujhse pucha.

'Haan bhai, kya baat hai? Aaj itna upset kaise hai?' bhai ne bhi sawaal kiya.

Ab main kaise batata ye sab, to maine baat ko ghumate hue kaha, 'Kuch nahi, wo thoda sa future ko leke tension ho rahi hai, aagey kya karna hai.'

'Arey beta, tension mat le, jo karne ka mann ho karna, jis field mein jana ho chale jana,' Maa ne support karte hue kaha.

Raat hote hote mere dimaag mein khayal aaya ki, main kuch songs record karke Zoya ko send karta hoon, unhein sun ke wo bahaut special feel karengi. Meri awaaz aisi thi ki main khud bhi sunna pasand nahi karta tha, magar na jaane kyun khayal aaya ki main Zoya ko kuch 2-4 naye purane songs sunau.

Main apne room mein aaya, andar se darwaza lock kar diya, room ki lights on kari aur apni chair ko thoda adjust kara, uspe baitha, phone pocket se nikaal ke table par rakh diya, recorder on kiya aur aankhein band karke kuch purane gaane gaane laga.

Ek ke baad ek, aise aise gaane gaaye jinko gaate gaate kayi baar meri aankhein namm ho gayi. Agar wo sunti, to unhein meri awaaz se hi pata chal jata ki main kitna bhaavuk ho raha hoon ye songs gaate gaate.

'Anubhav, kya kar rahe ho??' Zoya ka message aaya.

'Kuch nahi bas yuhi, baitha hua hoon, apka intezaar kar raha tha, kab aap aaogi, kab hum baat karenge,' maine reply kiya.

'Main abhi gayi bhi nahi hoon ki, mujhe aapki yaad hi aane lagi,' Zoya ne kaha.

Unki taraf se jab bhi aisi emotional aur pyaar bhari baatein aati hain, to mujhe bahaut achha lagta hai, kyunki inhi sab cheezo ke liye main tadpa hoon aur is har ek ehsaas ka main humesha shukrguzaar rehta tha.

Ye baatein chal hi rahi thi ki maine Zoya ko recordings bhejni shuru kar di.

'In recordings mein kya hai Anubhav?' Zoya ne pucha.

'Meri feelings hain, jab time mile suniyega zaroor,' maine kaha.

'Abhi sunti hoon, ruko,' Zoya ne excitement mein kaha.

Wo turant apne room mein gayi, waha pahaunch kar wo ek ek karke mere bheje hue songs sunne lagi. Meri dhadkanein badh rahi thi, mujhe pata nahi tha Zoya kaisa react karegi. Maine pehle kabhi Zoya ke liye aise gaane nahi gaaye.

Bechaini hone lagi, wo kuch zyada hi waqt le rahi thi reply karne mein, lekin unke naam ke neeche 'online' abhi bhi dikh raha tha. Thodi der mein wo 'online', 'typing' mein badal gaya. Kuch der baad unka ek bada sa reply aya.

'OMG! Anubhav, aapki awaaz, kitni pyaari hai, aap singing mein kyun nahi try karte? I am so in love with these songs. Mujhe bahaut achha lag raha hai inhein sunna, main baar baar sun rahi hoon, especially, "Lag ja gale". Main rok nahi pa rahi khud ko. Sukoon hai tumhari awaaz mein Anubhav. Bade chupe rustam nikle tum, pehle kyun nahi bataya ki tum itna achha gaate ho? Bure se.'

Main wo message padh ke aisa ho gaya, ki bhai awaaz to itni achhi thi bhi nahi, mohabbat mein zyada hi bol gayi ye ladki. Lekin wakayi mein, bada hi sukoon mila ye message padh ke Zoya ka.

'Aapko achha laga, bas wahi kaafi hai, itni achhi awaaz thi nahi jitni aapne baato se bana di,' maine reply kiya.

'Shut up, itni pyaari awaaz hai, please mujhe aur sunne hain,' Zoya ne excitement mein kaha.

Pehli baar kuch manga tha unhone mujhse, mana to kisi surat mein nahi kar sakta tha. Bas phir se room lock kiya aur recording shuru kar di, ek ke baad ek maine kayi songs bheje Zoya ko aur wo bahaut khush hoti rahi.

Sone se pehle Zoya mujhse ek baat boli, 'Please kal subah mujhe dekhne mat aana, main sambhal nahi paungi khud ko.'

'Aisa kaise ho sakta hai ki main aapko alvida kehne bhi na aau?'

'Please, Anubhav.'

'Zoya, please isme zid mat kariyega, main aapki har baat manne ke liye taiyar hoon siwaye iske, mujhse nahi hoga, main aaunga, hargiz aaunga.'

Zoya bhi jaise meri is zid ke aagey jhuk chuki thi.

Subah 5 baje nikalna tha unhein, apni mummy aur driver ke saath ja rahi thi wo. Meri aadat mein tha nahi ki main 9-10 baje se pehle uthu, magar na jaane kyun, us din meri aankh pure 5 bajne se 15 minutes pehle khul gayi.

Maine uthte hi Zoya ko 'Good morning' text kiya, jise padh ke Zoya ne mujhe call hi karli. Wo roaansu si ho rahi thi aur keh rahi thi ki, wo mujhe, mumma ko, sab ko bahaut miss karengi. Maine unhein shaant karaya aur tasalli dete hue kaha, 'Zoya, kabhi chinta mat karna, aap akeli nahi hogi kabhi, main aapke saath rahunga humesha, bas aap apna khayal rakhna.'

'Haan baby, bas aap mujhe chhodna mat kabhi, badalna mat kabhi,' Zoya ne bhaavuk hote hue kaha.

'Achha mumma aa gayi, main rakh rahi hoon phone,' Zoya ne hadbadate hue call rakh di.

Main jaldbazi mein utha aur taiyar hone laga. Maa ki aadat thi roz subah 5 baje uthne ki, jab tak main ready hoke aaya, meri maa neeche jhadu laga rahi thi.

'Arey, aaj kya hua shehzaade ko? Itni subah subah uthke kaha chal diya,' Maa ne pucha.

'Kahi nahi, bas tehelne ja raha hoon, socha aaj aankh jaldi khul gayi to dekhlu kaisa mahaul hota hai subah ke 5 baje sheher mein,' maine bahana banate hue kaha.

'Haan beta, tu hi to ho raha hai daroga sheher ka,' Maa ne taang kheechte hue kaha.

Maine jaldi se chaabi uthai aur bike ki taraf bhaga, baitha aur kick maari, bike start hi nahi hui. Maine 2-4 baar aur kick maari, par bike start hi nahi hui. Maine time dekha, 5 bajne mein sirf 2 minute the. Rasta lamba nahi tha, lekin bike start na hui to rasta apne aap lamba ho jata.

Maine side mein dekha to kisi ne petrol off kar rakha tha, jisne bhi kiya maine usey mann mein bahaut si gaaliya di aur on karne ke baad kick maari, bike start hui. Main jaise taise bus stand pahauncha jaha se mujhe yakeen tha ki wo guzrengi.

Zoya peeche wali seat pe baithi hui thi aur unki side mein kaafi samaan rakha hua tha. Wo window ke bahar jhank rahi thi aur talaash rahi thi unki nigaahein sirf ek hi chehre ko.

Main dusri taraf intezaar kar raha tha, ki kab ayegi Zoya ki car. Main jis jagah pe khada hua tha, uske peeche se bhi ek rasta tha jo sheher ke bahar nikalta hai, mere mann me baar baar ek hi baat aa rahi thi, ki kahi wo dusre raste se na chali jayein. Maine Zoya ko messages karna shuru kiye, to unhone bataya ki wo peeche ke raste se ja rahi hain aur sheher se bahar bas nikalne hi wali hain.

Main ghabra gaya, maine jaldi se bike start kari aur us road ke end mein jaake khada ho gaya, jaha se ab wo nikalne wali thi. Meri nigaahein bas us ek car ko talash rahi thi. Udhar Zoya bas mujhe dhund rahi thi, dheere dheere bheed badhne lagi, wo labour ke aane ka time tha, isliye waha labour ikatthi hone lagi. Usi bheed ke beech maine ek white colour ki car aati dekhi, is car ko main pehchaanta tha, main jab jab ye car dekhta meri dhadkanein tez ho jaati.

Wo car mere samne se ja hi rahi thi ki, meri nigah Zoya pe padi, wo mujhe dhundne ki koshish kar rahi thi. Mere chehre pe bas muskurahat thi, main intezaar kar raha tha us waqt ka, jab unki nigahein meri nigahon se takrayengi. Jaise hi wo takrayi, unka chehra khilkhila utha.

Unhone mujhe dekh ke ek flying kiss di aur wo dil unke haath se fisalke udta hua mere gaal se jo takraya, madhosh hi kar gaya. Maine bhi dur se haath hilate hue 'goodbye' kiya. Main bheed mein gum tha kahi isliye mujhe unki mummy ne nahi dekha. Dekhte hi dekhte, wo chali gayi. Wo 2 minute, meri zindagi ke sabse haseen 2 minute ban ke reh gaye. Shayad thodi der aur ho jaati to main unko jaate jaate dekh bhi nahi paata, lekin, kismat mein tha, to unka deedar hona hi tha.

22
ek haadsa hua

Zoya ko dekh kar main ghar ke liye nikla. Raaste bhar mujhe flashbacks aa rahe the, wo yaadein aa rahi thi, wo kisse yaad aa rahe the, unhi galiyo se hote hue jab guzar raha tha, to yaad aa rahe the wo din jab inhi galiyo mein khade khade waqt guzaar deta tha sirf unki ek jhalak aur muskurahat dekhne ke liye. Ghar ke darwaaze pe pahauncha hi tha ki mummy bahar khadi thi.

'Aa gaye daroga sahab? Kar liya daura pure sheher ka? Koi kami to nahi hai sheher ke vikaas mein?' Maa ne taang kheechte hue kaha.

'Yaar mummy kya hai yaar, ek to aaj aapke ladke ne itna nek kaam kiya hai jaldi uth ke, pooja ki thaali leke tayaar rehna chahiye tha aapko, badiya nashta banana chahiye apne shehzaade ke liye aur aap hain ki taane kas rahi hain,' maine baat ko ghumate hue kaha.

'Haan haan, pooja bhi karungi teri aur khilaungi bhi, pehle ye to bata kise dekhne gaya tha?' Maa ne shak ki nigahon se muskurate hue pucha.

'Hain? Kuch bhi? Main kyun jaunga kisi ko dekhne itni subah bhai?' maine ghabrate hue kaha.

'Maa hoon teri, chehra padh leti hoon, kya pata kisi ko chhodne gaya ho,' Maa ne haste hue kaha.

Maine na jawaab diya na kuch, seedha apne room mein jaake let gaya. Itne mein mummy phir se room mein aayi aur kaha, 'Dhokla banaya hai tere liye, jaldi se aaja.'

Dhokla ka naam sunke mu mein paani hi aa gaya maano. Uth hi raha tha, itne mein phone pe ek notification aayi, dekha to Zoya ka message tha. Khol ke dekha to Zoya mujhe selfies click karke bhej rahi thi. Unhein dekh ke mujhe badi tasalli mili. Maine unki kuch meethi meethi tareefein kari aur mummy papa ke room mein chala gaya dhokla khaane.

'Waah! Kya swaaad hai tere haath mein, Maa,' maine mummy ki tareef karte hue kaha.

Mummy ne halki si smile di aur kehne lagi, 'Aur lele.'

Maine bhi apna mann mara nahi aur 4-5 pieces utha liye.

'Arey pagal tere liye hi banaye hain, koi jaldi thodi hai,' Maa ne bola.

Maa ke haath mein wakayi mein swaad hai, jo banati hain, swadisht hi banta hai. Bilkul, Annapurna. Ab Zoya ka safar tha thoda lamba, unki pal pal ki khabar lene ka silsila shuru ho gaya.

Udhar Zoya bhi apne alag hi khayalo mein doobi hui thi. Zindagi ki nayi shuruwaat karne ja rahi thi. College life ki shuruwaat thi, kuch bechain thi. Raaste bhar yahi sochti rahi ki kya chhod rahi hai peeche.

Mere baare mein sochne lagi, sahi galat ke faisle karne lagi, yaadon ki puri tokri leke ja rahi thi. Yaadein jo mere saath banayi, afsos liye ki mil na saki mujhse, khush isliye ki, mili nahi to kya hua, kam se kam dekh to payi, door se hi sahi, par dekh to payi.

Naye dost banenge, naye kisse honge, ek alag hi safar par chal padi thi. Jis jagah se rishta jodne wali thi, kam se kam 5 saal ke liye to jud hi gayi thi aur ye 5 saal, na jaane kaise honge, aakhir kya takdeer banayenge ye 5 saal.

'Sab theek to hoga na, Anubhav?' Zoya ka message aaya.

'Zoya, main aapke saath hoon, kabhi koi dikkat bhi aayi to mil ke sort out kar lenge, uski fikr mat kariye aap,' maine samjhate hue kaha.

Zoya ko sukoon milta jab bhi main unhein is tarah tasalli deta tha. Kabhi kabhi aap kisi ke saath physically present nahi hote ho, lekin unse door hoke bhi unke paas hone ka ehsaas dilana bhi ek mohabbat hai.

Dupeher ke kareeb 2 baj rahe the, tabhi Zoya ne message karke bataya ki wo araam se pahaunch gayi. Maine unse thodi der hi baat kari, to unhone keh diya ki wo ab sab kaam nipta ke aur hostel pahaunch kar hi call karengi.

Shaam hote hote mera mann thoda kharab sa hone laga. Jab tak Zoya yaha thi, tab tak main kabhi is baare mein soch hi nahi pata tha, in fact mere khayal mein hi ye baat nahi aati thi ki, mera Zoya ke saath koi future nahi. Chah ke bhi main is baat ko ab apne dil se nikaal nahi pa raha tha.

Ye khayal mere dil ko itna bechain kar raha tha ki mujhe samajh nahi aa raha tha main kisse baat karu. Mere paas dost kayi the, par main ye baatein kisi se share nahi kar pata tha, kyunki isme sab meri hi galti batayenge, yahi kahenge ki, 'Tujhe ye sab pehle sochna chahiye tha.'

Jab zyada pareshan hua, to Ankit ke ghar chala gaya.

Ankit abhi abhi apni factory se aaya tha, to thoda fresh ho raha tha, main uske ghar ke bahar uska intezaar karne laga. Waha paas hi ek doggy tha, maine usey puchkar ke bulaya, wo poonch hilata hua mere paas aaya, jaise mera hi intezaar kar raha ho. Mere mann mein aaya ki main isko kuch khila du, to paas hi ek shop se maine ek biscuit ka packet khareeda aur usko apne haath se khilane laga. Wo bahaut pyaar se biscuit khaane laga.

Hum aksar ye bhul jaate hain ki in bezubaano ka bhi humein khayal rakhna hota hai, unke khaane peene ka, ye kuch keh bhi nahi paate aur sirf humare pyaar ke bhuke hote hain. Inhe bas thodi si care chahiye hoti hai.

Mujhe humesha se dog rakhne ka bahaut mann karta tha, lekin meri maa ko kabhi bhi pasand nahi tha ki hum koi bhi pet rakhein apne ghar mein. Is wajah se aaj tak main koi dog nahi rakh paaya. Isliye, colony ke jo dogs hote the, main unhi ko kuch khila pila ke apna mann bhar liya karta tha.

Itni der mein Ankit bhi aa gaya. Aate hi usne mujhe ek taana maar diya.

'Aa gayi dosto ki yaad majnu ko?'

Mujhe achanak se hasi aa gayi aur mujhe hasta dekh wo aur bura maan gaya.

'Bhai ek baat kahu? Jab se bandi bani hai na teri, tab se tune dosto ko time dena chhod hi diya hai bilkul,' Ankit ne narazgi jatate hue kaha.

'Kuch bhi bol raha hai? Girlfriend banegi to time dena chhod dunga main?' maine sawaal kiya.

'Bhai tujhe kya lagta hai, mujhe kuch dikhta nahi hai? Jab se Zoya teri life mein aayi hai na tu ab milta hai, na phone karta hai, zara si baat tak nahi karta,' Ankit ne gusse mein kaha.

'Bhai jab se college start hua hai aur main Bareilly shift hua hoon, mujhe time itna nahi milta,' maine safai dete hue kaha.

'Exactly, ek to tu Bareilly shift ho gaya, upar se jab tu yaha hota hai, saara time phone pe laga rehta hai, tere paas time hi kaha hain phir mere liye?' Ankit ne kaha.

'Bhai teri to kabhi girlfriend bani nahi, tujhe kya pata girlfriend banne ke baad life kaisi ho jaati hai. Haan, manta hoon, thoda zyada busy ho gaya hoon, lekin dosto ka kaam hota hai samajhna aur adjust karna,' mujhe gussa aa gaya.

Itni baat sunte hi Ankit ko bura lag gaya aur wo muskurate hue kehne laga.

'Bhai, jis tarah girlfriend ke saath nibhane se chalti hai relationship, usi tarah dosto ke saath bhi nibhani padti hai, tabhi tikte hain dost. Sirf ek insaan ka kaam nahi hota samajhna, tu bhi humein samajh, hum bhi tujhe samjhenge,' Ankit ne emotional hote hue kaha.

'Bhai agar tujhe samajhne mein itni hi dikkat hai, to thik hai, mat samajh, koi zabardasti thodi kar raha hai tujhse,' maine gusse mein kaha aur bike pe baith ke start karne laga.

Ankit mujhe khada dekhta raha, usne mujhe rokne ki bhi koshish nahi kari. Maine bike start kari aur waha se nikal gaya. Mera dimaag bilkul thikane par nahi tha, mujhe akela rehna tha kuch waqt. Main sochte sochte highway ki ore nikal gaya.

Dimaag mein bas wahi sab baatein chal rahi thi, ki ek hi dost hai mera itne saalo se, jo mere saath raha hai humesha, wo kyun nahi samajh sakta mujhe, usey samajhna chahiye, ek insaan relationship mein aane ke baad thoda busy ho jata hai, uska waqt bat jata hai do hisso mein.

Lekin, shayad main ye bhul raha tha ki jab do hisso mein batta hai waqt, to dusre hisse ko waqt dena bhi zaroori hai, jo dosto ka hota hai. Hum pyaar mein itne kho jaate hain aksar ki, dosto ko bhul jaate hain. Unki value kam ho jati hai, unhein waqt dena kam kar dete hain, bas apne pyaar ko khush karne mein lage rehte hain, dosto par to dhyaan hi nahi jaata.

Itna sochte sochte mujhe ehsaas hua apni galti ka aur maine decide kiya ki main abhi Ankit ke ghar jaunga aur ussey maafi mangunga, kyunki mujhe kahi na kahi darr tha ki is pyaar mohabbat mein main apne azeez dost ko na kho du.

Maine bina soche samjhe, U-turn lene ki koshish kari, peeche se bahaut tez ek car aa rahi thi, main jitni der mein brake maar pata, ya soch pata ki main kya karu, utni der mein car wale ne mujhe takkar maar di. Wo thokar bike ke peeche ke hisse pe lagi aur us thokar ne mujhe door kahi jhadiyo mein fek diya.

Kuch pal to mujhe ye samajhne mein lag gaye ki mera accident ho gaya tha. Maine apne haath pair dekhe to kahin koi gehri chot nahi thi, lekin na jaane kyun main uth nahi pa raha tha, meri back mein kaafi dard ho raha tha.

23

dosti ka patch up

♥

Jis car ne mujhe thokar maari, wo shaqs darr ki wajah se ruka hi nahi. Maine apni pocket se phone nikala aur apne bhaiya ko phone kiya. Maine unhe bataya ki aise aise mera accident ho gaya hai aur mujhe lene ajao. Ghar par unka ek dost tha, bhaiya aur wo dono ghar se nikal gaye aur 5 minutes ke andar mujhe lene aa gaye.

Mujhe jaise taise uthaya gaya, meri back itna zyada dard kar rahi thi ki meri cheekhein nikal rahi thi. Main bas bhagwaan se yahi dua kar raha tha ki kuch bada haadsa na ho gaya ho.

Mujhe waha se hospital lejaya gaya, mujhe bahaut ghabrahat ho rahi thi. Hospital pahaunchte hi mujhe ek chair par baitha diya aur bhaiya mujhse puchne lage, 'Hua kaise accident? Kya kar raha tha? Hosh kaha tha tera?' bhaiya ne pucha.

'Peeche nahi dekha mudne se pehle, car wale ne uda diya,' maine tooti hui awaaz mein idhar udhar dekhte hue kaha.

'Bahaut achhi baat hai, ghode jaise itne lambe ho gaye, lekin rules tab bhi nahi follow karne. Aagey peeche dekh ke modna hota hai', bhaiya ne sar pe halke se marte hue kaha.

Thodi der mein mera number aaya aur mujhe andar room mein lejaya gaya doctor ke paas. Unhone mujhse pucha, kaise hua ye sab. Maine bataya ki car ne thokar maari aur main hawa mein uchal ke neeche gir gaya.

Unhone mujhe ulta karke letane ki koshish kari, to meri back mein bahaut tez dard hua. Unhone kuch der dhyaan se dekhne ke baad kaha, 'X-ray karna hoga' aur apne assistant se kaha, 'Inhein X-ray room mein le jao.'

Main bahar aaya to Ankit khada hua tha, usko dekhte hue maine kaha.

'Sab teri wajah se hua hai, kanjar! Agar tu ladta nahi to kuch nahi hota mujhe', maine haste hue kaha.

'Haan, sahi baat hai, duniya ki saari buri cheezein jo tere saath hoti hain wo meri wajah se hi to hoti hain', Ankit ne mu tedha karte hue kaha.

'Bhai bak bak mat kar, ye wala to pakka teri wajah se hua hai', maine gusse mein kaha.

'Abey wo chhod, ye bata hua kaise? Tu nikla to apne ghar ke liye tha, rasta kaise bhatak gaya?' Ankit ne haste hue pucha.

'Tere bhai ki haddi toot gayi aur tujhe mazaak soojh raha hai? Keede padenge tujhe', maine shraap dete hue kaha.

Dosti toot ti hai, bikharti hai, phir judti hai, phir ubharti hai. Wo kabhi khatm nahi hoti aur jo dosti khatm ho jaye, wo dosti hi kya.

Mera X-ray hua, main bahar baith kar intezaar kar raha tha. Ankit bhi wahi paas mein baitha tha. Maine uski taraf dekhte hue kaha, 'Sorry! Bhai.'

'Koi baat nahi, chhod ab,' Ankit ne baat ko khatm karte hue kaha.

'Kya chhod? Aur puch to le, kis baat ke liye sorry bol raha hoon,' maine sawaal kiya.

'Mujhe pata nahi hai kya?' Ankit ne confidently kaha.

'Kya pata hai tujhe?' maine pucha.

'Tune socha hoga ki teri galti hai, jo ki obviously hai aur tune jaldbazi mein bike mod di kyunki tujhe mere paas aana tha. Aaya aakhir mein mere paas hi, lekin yaha pe ayega, ye nahi socha hoga,' Ankit ne kaha.

Mujhe hasi bhi aa rahi thi aur gussa bhi aa raha tha. Hasi isliye ki, dost bahaut azeez tha ye, khamoshi sun leta tha. Aur gussa isliye ki, bhai sirf meri galti nahi thi, uski bhi galti thi, thoda to ussey bhi samajhna tha ki girlfriend banne ke baad time bat jata hai. Magar shayad, samajhna mujhe hi tha, kyunki main zyada galat tha.

Maine apne aapko thoda sa adjust kiya aur usko side hug diya. Aksar hum apne pyaar ko paane ke baad dosto ko apni zindagi mein ehmiyat dena kam kar dete hain aur unse expect karte hain ki wo humein samjhein. Aakhir wo hi kyun samjhein? Humein bhi to utna hi samajhna hain unhein. Unhein waqt dena hai, unka khayal rakhna hai aur unhein unki ehmiyat dikhani hai.

Is 9 saal ki dosti mein ye pehli dafa tha jab meri Ankit se anban ho gayi thi. Magar koi nahi, dosti mein utaar chadhaav aate rehte hain, balki sirf dosti hi nahi, duniya ke har rishte mein utaar chadhaav aate rehte hain. Bas zaroorat hai to sirf itni ki unki ehmiyat barkarar rakhein, unhein samjhein, unhein waqt dein, wo roothein aapki wajah se to unhein mana lein, verna agar der ho gayi to pachtave ke siwa kuch nahi bachta.

24

wo haadsa chota saabit
nahi hua

♥

Meri aur Ankit ki baat yuhi chal rahi thi, tabhi ek shaqs andar se aaya aur usne X-ray dikhate hue doctor ke paas chalne ko kaha. Main, Ankit aur bhaiya cabin mein aaye, maine chair kheechi aur uspe baith gaya.

'Aapko MRI scan karana hoga kyunki aapki backbone ki disc displace ho gayi hai, jiski MRI scan se report aane par pata chalega ki kitni chot aayi hai,' doctor ne kaha.

Mujhe thodi der tak to samajh hi nahi aaya ki ye hua kya hai. Mujhe aisa lag raha tha ki meri backbone crack ho gayi hai.

'Kya meri backbone crack ho gayi hai? Main wapis khada nahi ho paunga kya?' maine ghabrate hue pucha.

'Nahi nahi, aap hawa mein uchhalne ke baad jab neeche gire to peeth ke bal gire, itni chot nahi aayi hai, lekin ek baar MRI test karana padega taaki confirm ho jaye ki chot kitni gehri hai,' doctor ne samjhaya.

'Achha, kaha hoga MRI scan?' maine pucha.

'Moradabad se kara lo,' unhone kaha.

Main uth ke bahar aa gaya, kyunki mujhe thodi ghabrahat ho rahi thi. Itne mein mere phone pe Zoya ki call aane lagi, maine decline kar di aur text kar diya, 'ttyl' (talk to you later).

Zoya ke baad mein kuch texts aaye lekin maine nahi padhe, kyunki main khud hi sadme se bahar nahi aa pa raha tha. Upar se Ankit ne mujhse aa ke kaha, 'Tune movies mein dekha hai, pagal logo ko ek bed pe leta dete hain aur uske baad unhein ek badi si machine mein leke jaate hain aur usme bahaut shor hota hai.'

'Bhai tu movies dekhna band kyun nahi kar deta?' maine gusse mein kaha.

Ankit car se aaya tha, to main uski car se ghar tak pahauncha. Mummy papa pareshaan baithe the, lekin jaise hi mujhe dekha ekdum se uth ke aaye. 'Tu theek to hai na? Kahi chot to nahi aayi hai?' Maa ne pucha.

'Theek to nahi hoon,' maine bataya.

Idhar baar baar Zoya ki calls aa rahi thi, main baar baar decline kar raha tha. Maine socha apne room mein jaake araam se baat kar lunga. Jab maine texts dekhe to likha tha, 'Kya hua Anubhav? Aap baat kyun nahi kar rahe ho? Sab theek to hai na?'

Main mann hi mann unki care dekh kar khush ho raha tha. Lekin, main phir mummy papa se baat karne laga.

'Arey batata kyun nahi hai? Mann hi mann muskura kyun raha hai?' Papa ne daant te hue pucha.

'Arey Papa, backbone mein bahaut saari discs hoti hain jisme se ek disc displace ho gayi hai. MRI scan karvana hoga Moradabad jaake, phir pata chalega ki kitni chot lagi hai,' maine unhein pyaar se samjhaya.

Mummy-papa pareshan hone lage. Maine unhein samjhaya, 'Itna kuch serious hota to apne pair pe khada bhi nahi ho pata, aap tension mat lijiye, sab theek hai aur waise bhi, kal ja raha hoon main MRI scan karane, dekhte hain kya hota hai aagey.'

Phir wo thode shaant hue, Papa apne room mein chale gaye aur mummy puchne lagi mujhse, 'Tere liye kuch bana doon?'

Idhar Ankit bhi jaane ke liye gate kholne laga, maine ussey kaha, 'Chal bhai, kal milte hain aur ho sake to time nikaal lena.'

'Haan bhai, aa jaunga main,' Ankit ne kaha.

Phir maine apne room mein pahaunch kar Zoya ko call kiya.

'Hello,' Zoya ne kaha.

'Haan ji boliye, kya keh rahi thi aap?'

'What boliye? Kaha the itni der se? Ye kya tareeka hota hai? Itna kon busy ho jata hai? Mere jaate hi itni jaldi badal gaye? Bola tha na badalna mat!' Zoya phone uthate hi bhadak gayi.

'Arey baba, shant ho jaiye,' maine unhein shaant karte hue kaha.

'Kya shant ho jau yaar? Na calls pick ho rahi hain, na messages ka reply aa raha hai, kya ho gaya aisa?' Zoya aur zor se bhadak gayi.

'Actually, mera accident ho gaya,' maine kaha.

Wo itna sunte hi khamosh ho gayi aur ghabrate hue sawaal karne lagi, 'Whatttttt? Kaise? Kab? Theek to ho na aap? Kuch serious to nahi hai na Anubhav?'

'Ab pata nahi, backbone ki ek disc displace ho gayi, MRI scan karane ke liye bola hai doctor ne, to kal Moradabad jaake pehle scan karana hoga, phir pata chalega,' maine samjhaya.

'OMG! Itna sab kuch ho gaya aur aap mujhe ab bata rahe ho, pehle nahi bata sakte ho? Hua kaise accident?' Zoya buri tarah ghabra gayi.

Ye ghabrahat, ye bechaini, ye pagalpann, ye hosh ud jaana, ye sab dekh kar mujhe satisfaction wali feeling aa rahi thi. Aapko ye dikhta hai ki samne wala shaqs aapko khone se kitna darta hai. Pyaar Zoya ne aaj se pehle bhi kai baar dikhaya hai, balki har roz dikhaya hai, lekin ye pagalpan, ye darr main pehli baar dekh raha tha.

'Motorcycle se ho gaya, highway par tha, bike peeche modi vapis jaane ke liye, itne main ek car ne thokar maar di, thoda sa hawa mein uchhal ke gira jiski wajah se back mein chot lag gayi,' maine sab bataya.

'Anubhav, aap ka dhyaan kahan tha? Aap chote bachhe ho jo bina aagey peeche dekhe mud gaye? Dekh ke chalna chahiye yaar highways pe. Pata nahi kitni chot lag gayi hogi,' Zoya kehte kehte ro padi.

'Aap pareshan mat ho Zoya, kal pata chal jayega aur agar itna kuch serious hota to main seedha bhi nahi khada ho pata. Agar main khada hoon to matlab main thik hoon na,' maine Zoya ko shaant kiya.

Ye baatein yuhi kuch der chali. Us raat maine kaafi arse baad apni mummy ke haath se khana khaya, bahaut achha laga. Bilkul swaad aa jata hai maa ke haath ka khana unhi ke haath se kha kar.

Maine Zoya se unke din ke baare mein pucha. Wo apne hostel ke room mein aa chuki thi. Unki roommate Alina thi, Alina unki AMU ki friend thi. Ye sun kar mujhe achha laga ki wo apni hi kisi friend ke saath room share kar rahi thi, verna pata nahi kaun anjaan ladki unhein mil jaati.

Unki mummy bhi nikal chuki thi waha se. Ab Zoya Lucknow pahaunch gayi thi. Door ho gayi thi Zoya aur uska door hona pure jism ko chot de gaya, shuruwaat to bahaut buri hui thi, na jaane aagey kya kya hona tha, ajeeb se signals aa rahe the, bechaini bhare. Khair, jab do jismo mein duriya aa jayein to kahi na kahi dil bechain hota hi hai, bas apne aap ko tasalli de raha tha ki kuch time mein sab theek ho jayega.

25

mri scan

💓

Aaj ka din mere liye thoda sa daravna tha, kyunki aaj hi mujhe pata chalega ki mujhe kitni chot aayi hai aur aagey mere saath kya hoga. Abhi abhi to college life start hui thi, abhi to kuch dekha bhi nahi hai zindagi mein, na jaane kyun bhagwaan ne itna ghinauna mazaak kiya mere saath. Back mein lagne wali chot ki umr kaafi lambi hoti hai, par maine apni himmat ko jaise taise bandha hua tha.

Maine Ankit ko phone karke time par ghar bula liya, humne appointment le liya tha 11.30 a.m. ka. Lag bhag 11 baje tak waha pahaunchna tha. Rampur se Moradabad ka safar sirf aadhe ghante ka tha, magar phir bhi humein puri tayaari se time par nikalna tha.

Waha pahaunchne par dekha ki kaafi zyada log the, to wait karna tha. Idhar Zoya ka aaj pehla din tha college mein. Aaj wo sabse mili, naye dost banaye unhone, kuch pasand aaye, to kuch ko aankho hi aankhon me reject kar diya.

Zoya Rampur se akeli student nahi thi, kuch aur students bhi the jinse Zoya introduce hui thi.

Yaha main jab pahauncha to queue kaafi lambi thi, kareeb aadha ghanta wait karne ko kaha gaya humse. Bhaiya ne fees pay kari. Mujhe bahaut ajeeb feeling aa rahi thi. Main ek machine ke andar jaane wala tha aur wo ek normal baat nahi hai. Bas haunsla baandha hua tha.

Aaj Zoya ke messages ki kami khal rahi thi. Jaise hota nahi hai ki aapka relationship jis tarah chal raha hota hai, magar jab wo insaan aap se thoda door chala jaaye aur busy rehne lag jaaye to aap naraaz nahi hote ho, bas thoda sa upset hote ho, ye soch soch kar ki kaise aap dono is time pe baat kiya karte the. Jab message bhejte the, uske thodi der baad hi reply aa jaya karta tha. Lekin ab ek nayi zindagi ki shuruwaat ho chuki thi humari. Mere bhi college ki summer vacations over hone wali thi.

'Anubhav Agrawal!' reception se kisi ne awaaz lagayi.

Main uth ke gaya, mujhe sari metal ki cheezein utarne ke liye kaha, jaise ki belt, ring, spectacles, etc. Maine sab nikaal ke Ankit ke paas rakhva diya aur andar chala gaya.

Ek ajeeb sa andhera tha us airtight room mein, ek badi si machine rakhi hui thi waha aur bahaut computer systems lage hue the, jinhein dekh ke main aisa ho gaya ki bhai, dimaag pe nahi peeth mein chot lagi hai, aakhir kya karne wale ho mere saath.

Mujhe unhone letne ke liye kaha us machine ke bed pe aur kaha ki apni body ko move mat karna. Main let gaya. Thodi der mein wo machine start ho gayi aur main dheere

dheere uske andar jaane laga. Uska interior white colour ka tha aur kuch nahi samajh aa raha tha, usme kayi saari lasers lagi thi jo ki invisible thi, wo hi scan karti hain body ko 360 degrees.

Kareeb 20 minutes tak main bina hile leta raha. Bahaut mushkil hota hai khud ko rokna jab koi aapko tok de ki aapko ye kaam nahi karna hai agli kuch der tak. Jab 20 minutes ho gaye to main us room se bahar nikalne laga. Meri taraf Ankit aur bhaiya bhag ke aise aaye jaise main koi viva exam deke bahar nikla hoon. 'Kya hua, kaise hua,' yahi puchne lage.

Maine sab bataya unhein aur phir thodi der mein receptionist ne kaha ki aapki report kal milegi. Maine mummy ko phone karke sab bataya aur hum log waha se nikal gaye Rampur ke liye. Zoya ka abhi tak koi message nahi aaya tha to mujhe thoda sa gussa aa gaya ki itna bhi kya busy ho gayi ki, ek message karke itna puchne ki bhi koshish nahi kari ki mera MRI scan kaisa raha.

'Zoya, kaha busy ho?' maine unhein gusse mein message kiya.

Unka kaafi der tak koi reply nahi aaya. Mujhe aur zyada gussa aane laga. Main ghar pahaunchne hi wala tha aur unka abhi tak reply nahi aaya tha. Ankit ko factory jana tha, toh usne hum dono ko ghar drop kiya aur chala gaya. Papa office gaye hue the aur mummy ko maine sab kuch bataya, kaisa raha mera experience MRI scan ka, baaki ka kal reports aane ke baad pata chalega aur reports lene waha jana padega.

'Baba, aaj mera first day hai aur yaha pe thoda busy hone ki wajah se main phone check nahi kar paayi, please naraaz mat hona, aap ka MRI scan kaisa raha?' Zoya ka message aaya.

Mujhe padh ke thoda sukoon mila, magar main naraaz abhi bhi tha, kyunki achha lagta hai aap kisi se naraaz ho aur wo aap ko manaye.

'Ek message karne mein itni der nahi lagti, ek message kar deti to kam se kam fikr to nahi hoti,' maine reply kiya.

'I know baba, par sach mein time nahi mila, ab mauka nahi dungi shikayat ka,' Zoya ne maafi mangte hue kaha.

'Achha chaliye theek hai, kaisa ja raha hai first day?'

Unke halke se maafi maang lene se hi dil pighal jata hai, zyada der tak naraaz reh hi nahi pata tha main. Bas, phir unse unke college ke day ke baare mein puchne laga.

'Mera main araam se raat mein bataungi, abhi aap batao, aap ka kaisa raha sab aur reports kab ayengi?' Zoya ne pucha.

Maine saara kuch bataya unhein, ki kaisa raha mera experience aur reports kal ayengi. Phir thodi der baat karne ke baad unhone kaha ki abhi ek lecture chal raha hai, free hoke baat karengi.

26
zoya ka college mein pehla din

♥

Ab mere paas koi kaam nahi tha siwaye ghar baith kar phone chalane ke, sab kuch aapke paas apne aap ayega, jo mann kare wo khao, jaise mann kare waise raho, na kisi baat ki tension na kuch. Maine Pawni ko phone kara aur usey bataya sab kuch. Wo kaafi shocked ho gayi jab usey pata chala accident ke baare mein. Ussey thodi der baat karne ke baad maine Honey ko phone kiya, aise hi ek ek karke maine apne saare khaas dosto ko phone kiya aur bataya apne accident ke baare mein.

Mummy ne mere liye kadhai paneer banaya tha, jiska pata chalte hi main itna khush ho gaya ki bas raha nahi ja raha tha, baar baar mummy ki jaan kha raha tha ki jaldi laiye jaldi laiye. Bahaut der intezaar karane ke baad, kareeb 3.30 baje mummy ne mujhe kadhai paneer serve kiya. Jisko dekh kar mera uspe toot padhne ka mann kar raha tha. Maa khana bahaut tasty banati hain, bahaut zyada tasty.

'Ummm, Waah! Annapurna ho puri aap bhi!' pehli bite khate hi maine Maa se kaha.

'Tujhe achha laga na? Bas, kaafi hai mere liye,' Maa ne mujhse kaha.

'Yaar aap isey jaldi jaldi kyun nahi banati? Itne dino baad kyun banati hain?' maine naraz hote hue pucha.

'Agar roz roz yahi khilaungi to bore ho jayega. Kuch cheezein bas kabhi kabhi hi achhi lagti hain, unki aadat nahi padni chahiye.'

Maa ne kadhai paneer ke chakkar mein ek lesson de diya, ki kuch cheezein jab zaroorat se zyada milne lagein to insaan usko granted lene lag jata hai, lekin sach kahu to thodi duriya honi bhi zaroori hain, kaun kiska hai, kitna apna hai, kitna chahta hai, kaisi dosti hai, ye pyaar hai ya dikhawa, ya bas hai ek ehsaas jo waqt ke saath saath chala jayega, ye sab kuch pata chal jata hai.

Itna sochte sochte Zoya ka message aa gaya. Jab jab mobile screen pe ye naam padhta hoon, chehra khilkhila uth ta hai, aaj saath hue 6 months beet chuke the, lekin ye ehsaas purana nahi hua. Aaj bhi naam padh ke khushi hoti hai, aaj bhi awaaz sun kar sukoon milta hai.

Maine jaldi se apna kadhai paneer finish kiya aur Zoya ko call kiya, kyunki mujhe aisa laga ab to college mein hain, ab to kabhi bhi baat ho sakti hai phone pe, pehle jab ghar par thi to sirf raat mein hi mauka milta tha.

Unhone call reject kar di, jisko dekh ke mujhe bahaut ajeeb laga. Mere paas message aya ki, 'Abhi karti hoon call, faculty hain paas mein.'

Wo padh ke thoda theek laga. Pata nahi kyun, choti choti cheezein bahaut affect kar deti hain. Bina wajah jaane, bina kuch soche, pata nahi dimaag kyun itna negative ho jata hai, shayad ye khone ka darr hi hoga. Paanch minute mein Zoya ki call aayi.

'Haan ji, kya kar rahe ho aap? Kaisa hai back mein pain?' Zoya ne pucha.

'Abhi theek hai, aap bataiye, kaisa ja raha hai din aapka?' maine reply kiya.

'Achha ja raha hai, kaafi rules aur regulations hain yaha pe, ek queue bana ke classes mein aana hai, college bags ke bina entry nahi hogi aur bhi na jaane kya kya,' Zoya ne college ke baare mein bataya.

'Restrictions to har jagah hote hain, bas thode time mein aadat pad jayegi,' maine samjhaya.

'Haan, hote honge, par yaha kuch zyada hi hain,' Zoya ne kaha.

Thodi der baat karne ke baad unhone kaha, 'Chalo, aap thoda araam karlo, main hostel pahaunch ke baat karungi.' Zoya ne jaate jaate kaha.

Is nayi duniya mein apne aapko dhaalna tha, accept karna tha ki ye sab jo ho raha hai, ye hoga aur isme khud ko bhi strong rakhna hai aur Zoya ko bhi help karni hai, is sab ko samajhne ki aur face karne ki.

Aise long distance relationship mein rehna asaan nahi hota, par issey bahaut kuch zaahir zaroor ho jata hai, ki aap ek sahi insaan ke saath hain ya nahi, aapke partner ki niyat theek hai ya nahi, kahi wo bahar jaa ke kisi aur ki taraf attract to nahi ho jayega, kahi wo dhokha to nahi dedega aur bhi najaane kya kya.

Khone se to main har pal darta tha, har dum darta tha aur shayad itna strong bhi nahi tha, ki agar mere saath dhokha jaisa kuch ho jata to us sadme se main kabhi bahar bhi nikal pau. Kyunki maine in 6 mahino mein ek cheez jaan li thi, ki main Zoya ke bina nahi reh sakta tha, kabhi bhi nahi. Bas, ab sab kuch sahi rahe, kyunki jo insaan nazro se door ho jata hai, usey khone ka darr bhi bahaut badh jata hai.

27
unki fikr, ek nasha

♥

Zoya ne mujhse raat mein baat kari, wo kaafi caring thi mujhe lekar. Unhein fikr thi meri, ki kahi chot zyada to nahi lag gayi hogi. Main unhein bhi shaant kara raha tha yahi bol bol kar ki, 'Agar zyada lagi hoti to chalne firne mein bahaut dikkat hoti. Isliye, aap befikar rahein. Baaki, aap chinta mat kariye, kal ek baar reports aajayengi to pata chal jayega.'

'Sahi baat hai, mujhe chinta nahi hogi to kisi aur ko hogi na,' Zoya ne gussa karte hue kaha.

Yuhi baat karte karte mujhe neend aa gayi aur main unse pehle so gaya. Agle din kareeb 10 baje utha. Meri aankh khul hi rahi thi ki papa room mein aa gaye.

'Ab kaisa hai pain beta? Aaj lene jaani hai na reports?'

'Haan ji Papa, abhi to waisa hi hai, kuch khaas changes nahi hain. Baaki reports lene jaana hai aaj, dekhte hain phir kya hota hai,' maine papa se kaha.

Papa itni baat karke room se chale gaye. Maine Zoya ko WhatsApp kiya, 'Good morning'.

Wo online thi aur jaise hi maine text kiya, wo offline chali gayi. Mujhe thoda ajeeb laga ki aisa kyun hua, phir maine ek do messages aur kiye. Kaafi der tak reply nahi aaya Zoya ka. Main chat screen on karke wait karta raha, ki aisa to nahi ki wo online aake ja rahi ho. Itne mein maa ne awaaz lagayi, 'Ankit aa gaya beta, ready ho jao, reports lene jana hai.'

'Haan ji, aa raha hoon,' maine kaha.

Main uth ke ready hone chala gaya soch kar ki aa ke dekhunga, aakhir ye kyun ho raha hai, ye ignorance kyun. Kareeb 20 minutes mein main ready hoke jab bahar nikla to sabse pehle yahi dekha ki Zoya ka koi message aaya hai ya nahi. To unka ek message tha, 'Good morning, sorry thoda late reply kiya, kuch research kar rahi thi books ke baare mein.'

Maine zyada socha nahi aur unhe bata diya ki, 'Main nikal raha hoon aur jaisa bhi hoga, main bata dunga.'

Main, Ankit aur apne bade bhaiya ke saath waha pahauncha. Waha pe reports collect kari, unhone bataya ki kaunsi disc displace hui hai, unhone recommend kiya ki aap Rampur mein is doctor ko dikha dijiye, wo baaki bata denge aagey kya karna hai. Ittefaaq se unhone jis doctor ko recommend kiya tha, wo Zoya ke mama the. Ab aagey ka treatment unhi ko karna tha.

Main waha se reports collect karke nikal gaya. Maine Zoya ko sab message par bataya aur reports ki photo click kar ke bhi bheji. Ghar pahaunch kar maine Maa, Papa ko bhi bataya ki doctor se milna hai, wo hi medicines wagarah batayenge aur kitna time lagega theek hone mein.

Shaam ko jab main unke clinic gaya to main unse mila. Unhone mujhe bataya ki mujhe kareeb 5-6 months lag jayenge, jisme se mujhe 1 month to proper bed rest karna hai aur uske baad belt laga ke main bahar nikal sakta hoon. Ye sab sun kar mujhe aisa laga jaise ye to kaafi nuksaan ho gaya. Maine unki batayi hui dawai li, jo unhone belt boli thi wo li aur waha se nikal gaya.

Maine bataya Zoya ko sab kuch, wo bahaut pareshan ho gayi ki itne din lag jayenge theek hone mein. Maine ghar pe sab ko bataya, sab pareshaan hone lage ki badi chot lag gayi. Jab koi jism ke andar zakhm ho jata hai, to usey bharne mein time lag jata hai, ek baar ko bahar ke zakhm time ke saath saath heal ho jaate hain, lekin andar ke kabhi kabhi umr bhar saath chalte hain.

'Anubhav, aap pareshan mat hona, main aap ke saath hoon, dekhna itna pyaar karungi ki ye to pyaar se hi theek ho jayegi, dawaiyo ki zaroorat hi nahi padegi.'

Zoya ke is message ko padh ke jaise aankhcin hi namm ho gayi, ye ehsaas hua ki kitna zyada pyaar karti hai ye ladki mujhse, kitna khyal rakhti hai mera aur kitna sambhalti hai mujhe.

Us din se meri zindagi ek alag hi raah par chal padi. Sab kuch achha achha ho raha tha mere saath. Bed par baithe baithe sab khaane peene ko milta rehta tha, Papa bhi mere liye tarah tarah ki khaane peene ki cheezein laate the, gate pe koi ayega to main nahi jaunga uth ke, koi aur uthega. Halanki bed rest bola tha doctor ne, lekin body movement mein rahe isliye uth ke thodi der tehel leta tha.

College ki vacations bhi over ho gayi thi. Maine apne class teacher se baat kar ke medical leave laga di thi aur online kuch documents submit kar diye, taaki koi chik chik na kare baad mein. Is dauraan maine Pawni ko call kiya aur usey sab bataya.

'Yaar, tu nahi ayega ab college 1 month tak, kitna bore honge hum sab log,' Pawni ne kaha.

'Bhai, miss to main bhi karunga sab ko, lekin ye ek alag hi adventure hai. Saara din ghar pe raho, na kaam, na subah uth ke college jaane ki tension, bas khao, piyo aur so jao,' maine khush hote hue kaha.

'Kutte, mera mann to nahi lagega na, main to bore houngi na,' Pawni ne bhadakte hue kaha.

'Bhai tujhe bore hone ki zaroorat hi nahi padegi, jab bhi bore ho, apne aap ko mirror mein dekh liyo, apne aap entertainment hone lagega,' maine mazaak udate hue kaha.

'Tera photo rakhungi, mujhe khud ko dekhne ki zaroorat hi nahi padegi,' Pawni ne sarcastically kaha.

Best friendship hoti hi yahi hai, janmo janam saath raho ek dusre ki beizzati karte hue aur best friendship jab ek ladke aur ladki ke beech ho, phir to dekho, kaise sone pe suhaga hota hai.

'I will miss you bro, apna khayal rakhna,' Pawni ne call rakhte rakhte kaha.

'Bilkul bro, tu bhi!' maine reply kiya.

Yaha Zoya, lectures ke beech beech mein puchti rehti thi, ki kya kar raha hoon, kuch khaya ya nahi, dawai li ya nahi. Aise haadse aksar do dilo ko kareeb le aate hain aur attention milna kise pasand nahi? Jab sahi insaan se mile to dil apne aap khil khila uthta hai. Is dauraan main bahaut zyada khush hone laga.

Raat mein aksar main jab bhi baat karta tha Zoya se aur agar by chance miss kar deta tha dawai lena, to phir Zoya ki daant itni padti thi.

'Anubhav, maine kitni baar kaha hai miss mat kiya karo, mat kiya karo, pata hai agar dawai time pe nahi li to theek hone mein kitna zyada time lag jayega, lekin nahi, inhein sunna hi nahi hai,' Zoya ne daant te hue kaha.

'Yaar Zoya, aapne hi to kaha tha, dawai ki zaroorat hi nahi padegi, apne pyaar se hi aap theek kar dogi,' maine masoom sa chehra banate hue kaha.

'Whatever, chup chaap lelo dawai, verna maar khaoge,' Zoya ne daant te hue kaha.

Zoya ka fikr karna, gussa karna, mere liye, mere dil ke liye, mere jism ke liye, meri rooh ke liye, ek nasha ho gaya tha. Wo jo pyaar se bol deti thi, mera mann na bhi ho main tab bhi kar leta tha, kyunki kuch tha, kuch jadoo sa tha unki awaaz mein, unki baato mein, calmness thi unme ek, gussa hoti thi, magar wo bhi pyaar se.

Din beet te ja rahe the, recovery dheere dheere ho rahi thi, mahina bhar beet chuka tha, ab college jaane ka time aa gaya tha.

28
sab ke chehre khil uthe

❤

Mujhe yakeen nahi ho raha tha ki meri vacations finally over ho gayi. Mera bilkul mann nahi tha college jaane ka, lekin, meri leaves bhi end ho hi gayi thi. Ye jo time beeta tha mera ghar par, itna sukoon bhara tha, ki bas pucho mat. Lekin ab wahi college ki zindagi shuru ho gayi thi. Waise mujhe college se kuch khaas gile shikwe nahi the, in fact, mujhe college ki sab se khaas baat jo lagti hai wo hain mere azeez dost.

Hum jab bhi kehte hain ki humein college ki yaad aa rahi hai, humara matlab humesha college ke dosto se aur unke sang bitayi dher saari pyaari pyaari yaadon se hota hai, na ki college ki padhai ya faculty se. Bas, to ye uljhe hue jazbaat kuch yoon the, ki padhai phir se karni padegi, aur dosto se itne lambe arse baad milne ka mauka milega.

Main, bhaiya-bhabhi ke saath hi Bareilly pahauncha. Ab tak main ek PG mein rehta tha, lekin ab, kyunki shaadi ho chuki thi bhaiya ki, ab main bhaiya-bhabhi ke saath rehne wala tha, unhone ek ghar rent pe liye tha.

'Aa gaya tu? Koi dikkat to nahi hui tujhe?' Pawni ka message aaya.

'Haan bro, aa gaya, magar sach kahu to mera phir se college jaane ka mann nahi hai yaar,' maine dukh jatate hue kaha.

'Shut up yaar, Anu! Tera kabhi mann hi nahi hota hai, tujhe pata bhi hai kitna time ho gaya mile hue humein. Roz kitna miss karte hain tujhe hum saare, ki kab ayega Anubhav, aakhir kab ayega. One month tak hum tere bina college gaye hain, ab drame mat kar zyada, chup chaap aa jana,' Pawni ne naraaz hote hue kaha.

'Arey bhaiya ji, aa rahe hain, itna pareshan mat ho tu. Yahan tak aaye hain, to college bhi pahaunch hi jayenge ab,' maine mazaak mein kaha.

'Nautanki kahi ka,' Pawni ne baat khatm ki.

Pawni se baat karne ke baad maine Zoya ko call kiya. Pehli baar mein unhone uthaya nahi, lekin thodi der mein unka message aaya, 'Anubhav, mere room mein meri friends aayi hui hain, to main in sab ke jaane ke baad aap se baat karungi.'

Ye message padh ke mere mann mein ye aaya ki itna sab kehne se pehle at least yahi puch leti ki main sahi se pahaunch gaya ya nahi, sahi se settle ho gaya ya nahi, ya mera ab pain kaisa hai, at least, kuch to baat karti, aur itna kya busy hain ki messages tak pe baat nahi kar sakti. Lekin, phir maine socha ki koi baat nahi, naya naya college join kiya hai, naye dost banaye hain, thoda sa involvement ho hi jaata hai, lekin koi is tarah ignore karta hai kya?

Maine kareeb ek ghanta unka intezaar kiya, par koi fayeda nahi hua, maine kuch messages bhi kiye, par wo aayi nahi. Mujhe subah jaldi uthna tha, aur main travel karke aaya tha, jiski wajah se mujhe thakaan bhi ho rahi thi. Main intezaar karte karte so gaya. Meri neend itni gehri hoti hai ki, ek baar jo main so gaya, dobara meri aankh 7-8 ghante se pehle nahi khulti.

Main raat mein bhabhi ko bol ke soya tha ki mujhe utha dijiyega, kyunki unhein bhi school jana hota hai, wo primary school mein teacher hain. Unke uthne ke baad, unhone mujhe uthaya. Meri aankh khuli to maine dekha, Zoya ki ek bhi missed call nahi thi, mujhe dekh ke bahaut zyada bura laga aur ajeeb-o-gareeb khayal aane lage ki aakhir kyun unhone raat mein mujhe ek baar bhi call nahi kiya. Bas, ek message aaya hua tha ki, 'Sorry, kaafi late ho gayi, aap so gaye honge ab to, chalo kal baat karte hain.'

Mere mann mein us message ko padh ke sabse pehla khayal bas yahi aaya ki aakhir itna normal kaise ho sakti hain wo, mujhse baat kare bagair neend nahi aati thi unhein, aaj wo so hi gayi. Mujhe nahi pata main zyada soch raha tha ya ye normal tha, par us waqt mera dimaag shaant nahi ho pa raha tha, mera mann kar raha tha main turant unhein call karu, aur puchu aakhir kyun unhone ek call tak karna zaroori nahi samjha, but maine nahi kiya, maine bas ek message kiya.

'Ye bilkul achha nahi laga mujhe, kam se kam ek baar to call kar sakti thi, so gaya tha ya nahi, aapne mujhe call tak karna zaroori nahi samjha.'

Message send hote hi maine phone bed par chhod diya, aur jaldi se ready hone gaya. Aaj bahaut dino baad college uniform mein khud ko dekh, bahaut ajeeb laga, meri uniform bhi tight ho gayi thi, kyunki accident hone ke baad se mera physical movement itna hota nahi tha, jiski wajah se maine weight put on kar liya tha.

Bhabhi ne mere liye sandwich banaya tha, jo maine jaldi jaldi khaya aur ek aakhiri baar apna phone check kiya, dekhne ke liye ki koi message aaya hai ya nahi, koi text nahi tha. Maine phone bed pe chhoda, kyunki college mein phone allowed nahi tha, aur apna bag utha ke nikal gaya.

Thodi hi duri par ek bus khadi thi, main usme jaa ke baith gaya. Raaste bhar mere dimaag mein bas yahi khayal aate rahe,

Ye behaviour mein change kyun aa raha hai Zoya ke? Maine bhi college join kiya tha, maine to kabhi apne purane dosto ke liye value khatm nahi kari, aur ye to bas dost hain, main to unka boyfriend hoon, aakhir mujhe hi ignore kyun. Matlab, jinhein mile 2 din nahi hue hain, unke liye tum usey ignore kar rahi ho jisse tumhara kareeb 7 mahine purana rishta hai, aur jante hue 4 saal ho gaye.

Khud se baat karte karte kab college aa gaya pata hi nahi chala. Main bus se utar ke apne block tak ja hi raha tha, itne mein mujhe raaste mein bahaut se classmates mile, jinhein mere baare mein pata tha, wo mere haal chaal puchne lage. Maine haal chaal diye aur apni building ki ore badha.

Second year mein aa gaya tha main, to class room bhi change ho gaya tha. Maine watch mein time dekha, to abhi 15 minutes the lecture start hone mein. Pawni aur baaki ke sab dost class ke bahar hi khade the aur mera intezaar kar rahe the.

Jaise hi unhone mujhe aate hue dekha, sab ke chehre is kadar khil khila uthe, jaise main 5 saal Tihar Jail ki qaid se chhut ke aa raha hoon. Kya sahi filmy scene tha, sab log meri taraf bhaag ke aane lage, mujhe samajh mein nahi aa raha tha ki ye mujhe maarenge, ya hug karenge, 5-6 log aapki taraf bhaag ke aayenge to aap obviously hug to expect nahi karenge, to maine waha se bhagne mein hi samajhdari samjhi.

Main peeche muda, aur jo bhaaga hoon, itni saari classes ke students bahar khade the, sab tamasha dekh rahe ki aakhir ye ho kya raha hai. Mujhe bhagne mein thodi dikkat ho rahi thi kyunki maine lumbar belt pehni hui thi to main halke bhagne laga aur ye log mere upar aa ke chad gaye, koi mukke maar raha hai, koi laate maar raha hai, koi baal kheech raha hai, aisa lag raha tha jaise koi bhoot pakad liya ho in logo ne. Kya khubsoorat welcome kiya tha sab ne mera.

29
yeh mere college ki duniya

♥

Sab ne mujhse baat kari, mujhse pucha mera accident kaise hua, maine kya kiya itne din, maine kitna miss kiya in kanjaro ko, aur in kanjaro ne mujhe kitna miss kiya, woh sab kuch bataya. Hota hi hai, jab aap dosto se door ho jao, to aapke dil mein unke liye, aur unke dil mein aapke liye pyaar badh hi jata hai. Haan, janta hoon, sab ke saath aisa nahi hota, par mere saath aisa hi hua. Mujhe kisi ne aisa mehsus nahi karaya, jaise ab main unke liye important nahi.

Dosto ke saath saath ye boring lectures bhi aane hi the, ab jhelna tha inhein 6 ghante. Canteen humari bahaut door thi, to jab jab bhook lagti thi, koshish yahi hoti thi, ya to koi imandaari se apna lunch nikaal ke de de, ya hum chura ke kha jayenge, aur ye kaam sab se best karti thi Kajol. Kajol ekdum ghul mil ke rehne wali ladki thi.

Hum log ek saath baithte the, ek chaudi si bench pe. Shuruwaat hoti thi Kajol se, phir main, Gopika, Honey,

Hanisha aur aakhir mein Anmol. Honey aur Hanisha committed the, Gopika ka boyfriend college mein nahi tha aur Kajol aur Anmol single the. Hum log pure din kuch na kuch khurafati karte rehte the, jisse humara mann laga rehta tha, kabhi lunch chura ke kha rahe hain, kabhi gaane gaa rahe hain, kabhi hooting chal rahi hai toh kabhi hasi mazaak.

Lectures chal rahe the, lekin mera dimaag kahi aur hi tha. Jo kal raat hua tha, mujhe achha nahi lag raha tha, aur us baare mein soch soch ke main bahaut pareshaan ho raha tha. Main unse sawalo ke jawaab chahta tha, lekin phone na hone ki wajah se main majboor tha. Phones allowed na hona, college ke sabse irritating rules mein se ek tha. Pakde jaane par student ke samne hi tod dete the. Aur ye sab maine apni aankhon se dekh bhi liya tha, tab se laana chhod diya tha.

'Kuch pareshaan sa lag raha hai bhai? Koi baat hai kya?' Honey ne mere chehre ki shikan dekhte hue pucha.

'Nahi bhai, bas, aise hi' maine ignore karte hue kaha.

'Bhai, koi baat to hai, jab se mila hai, andar se khush nahi lag raha, kahin khoya khoya sa hai,' Honey ne kaha.

Main apne andar rakh nahi pa raha tha ye sab baatein, mujhe koi chahiye tha jisse main keh pata ye sab, isliye maine socha Honey se hi share kar leta hoon.

'Next lecture bunk karega?' maine pucha.

'Neki aur puch puch, bilkul bhai,' Honey ne haste hue kaha.

Humne wait kiya lecture khatm hone ka. Jaise hi bell baji, Honey ne Hanisha ki ore ishara karte hue agle lecture ki attendance lagvane ke liye kaha. Agla lecture Saurabh sir ka tha, aur unke saath attendance ko lekar itna issue nahi hota tha, to humare liye thoda asaan ho gaya ek lecture bunk karna.

Hum dono café pahaunche, waha se humne patties aur cold drink order kari, aur baith ke baat karne lage.

'Bhai, maine tujhe bataya tha na Zoya ke baare mein, bas wahi matter hai,' maine Honey se kaha.

'Kya hua? Koi ladai ho gayi kya?' Honey ne sawaal kiya.

'Ladai to nahi hui, bas kal raat, kuch ajeeb sa behaviour tha, befikra sa, na kisi baat ki koi chinta, na kuch. College recently join kiya hai, lekin baat ho rahi hai ya nahi, koi fark nahi pad raha,' maine samjhaya.

'Abhi recently usne college join kiya hai, aur yaar college ki starting mein yahi hota hai, hum thode involve hone lagte hain naye logo mein. Thode din de, ek baar adjust ho jayegi, uske baad apne aap theek ho jayegi,' Honey ne mujhe samjhate hue kaha.

'Haan bhai, baat to sahi hai, par yaar, bura to lagta hai na. Aap naye logo mein itna bhi mat ghulo ki purane logo ko bhul hi jao, aur purane logo ki bhi baat nahi hai, baat hai relationship mein hone ki. Tum jisse pyaar karte ho, usey to waqt doge na. Main dost thodi hoon unka,' maine apna point rakha.

'Haan, baat sahi hai teri bhi, par kahi na kahi, thoda time dena hoga is cheez ko, woh apne aap theek ho jayegi. Zyada pareshan mat ho, ek baar ghar jaa ke usey apni baat keh dena, woh samjhegi teri feelings ko bhi,' Honey ne kaha.

'Chalo dekhte hain, thoda adjust main karne ke liye ready hoon, par woh bhi samjhe in sab baato ko, main bas itna hi chahta hoon, koi genuine reason ho tab bhi samajh aata hai, itna casual reason hai, isliye bura lag raha hai,' maine kaha.

'Koi nahi, thoda time de, cheezein normal ho jayengi,' Honey ne baat khatm kari.

Honey se ye sab share karke mujhe achha lag raha tha. Kabhi kabhi problem aap ke samne hoti hai, par phir bhi aap kuch kar nahi paatey. Hum kitna sochte hain un cheezo ke baare mein, jo hum apne end pe control bhi nahi kar sakte, ya jiska filhaal koi solution nahi hota hai. Kabhi kabhi, waqt ko waqt dena hi solution hota hai.

Zoya ke alawa bhi maine ussey baatein kari. Pucha ki kya chal raha hai zindagi mein. Hanisha ke saath kaisa chal raha hai sab aur ghar mein sab kaise hain. Kaafi baatein kari humne, itne mein lecture over ho gaya, aur hum dono class mein aa gaye.

Mere mann ko thodi shanti mili, par ye shanti puri tarah tab tak nahi milti jab tak main Zoya se baat nahi kar leta. Recess mein, jab main Pawni aur Tulya se mila, to unhein bhi bataya ki kya hua hai, woh bhi yahi keh rahe the ki, college ki starting hai, thoda wait kar, apne aap normal ho jayengi cheezein.

Woh din college mein bitane ke baad jab main ghar aaya, to maine sabse pehle apna phone dekha. Zoya ki 2 missed calls aur 3 messages the. Mujhe nahi pata tha unme kya hai, par 2-3 messages aur missed calls dekh ke kahi na kahi aisa laga ki, 'Chalo, thodi fikr hai inhein bhi.'

'Good morning.'

'Maine call isliye nahi kari, kyunki mujhe pata tha aapko jana hai college subah, aur main bhi thaki hui thi, isliye main bhi so gayi.'

'Phone lekar nahi gaye ho kya?'

Ye 3 messages aaye hue the Zoya ke, jinhein padh ke mujhe kahi na kahi shanti mili, ki meri hi wajah se unhone mujhe call nahi ki. Dimaag na jaane kya kya sochne lagta hai, jab aapke dil mein kisi ko khone ka darr hota hai. Maine unhein message kiya to unhone kaha, 'Main 5 minutes mein hostel pahaunch ke baat karti hoon.'

Zoya aur mera college over hone ka time lag bhag ek hi tha, main bhi 3.45 p.m. tak ghar aata tha, aur Zoya bhi 4 baje tak aa jati thi hostel. Unhone mujhe hostel pahaunch kar, change kar ke call kari, aur maine unse apni baat share kari.

'Zoya dekhiye, aap mujhse exams ya tests shuru hone ke baad ek mahina baat mat kariye, main adjust karne ke liye ready hoon, lekin itne casual reason ki wajah se jab aap mujhse baat nahi karengi, to mujhe bura lagega. Aapko pata nahi hai, mere dimaag mein hazaro negative baatein aur sawaal aane lagte hain, jinka jawaab mujhe jab tak na mil jaye, mera mann shaant nahi hota,' maine apne dil ki har baat kahi.

'Anubhav, sabse pehle toh, I'm sorry, aapko ye sab feel karane ke liye, lekin sach mein, meri koi galat intention nahi thi, main aapki baato ko samjhungi, lekin main aap se bhi expect karungi ki aap bhi samjho, ki mera college start hua hai, 50 cheezein hoti hain, 50 log hote hain, mujhe sab dekhna hota hai, sab ko samajhna hota hai, in logo ke saath mujhe agle 5 saal tak rehna hai,' Zoya ne apni baat samjhai.

'Zoya, Anubhav bas ek hai,' maine baat ko khatm kiya.

30
badhti dooriyan

💔

September ka mahina tha, mausam halka halka karvat badalne laga tha. Garmi kam hoti ja rahi thi, aur kabhi kabhi thandi hawa ka jhoka aa jata tha. Jis tarah ye thandi hawa ka jhoka mujhe chhoo raha tha baar baar, usi tarah Zoya ka mujhe ignore karna bhi baar baar ho raha tha. Meri relationship ab dagmaga rahi thi aur is baat ko kehte hue bhi meri aankhein namm hain.

Jo ek din hua, woh ab har din ki baatein ho rahi thi, roz unke naye dost ikatthe ho jaate the ek room mein, inki baatein chalti thi kaafi lambi, aur main bewakoofo ki tarah intezaar karta rehta tha ki ab ayengi, ab baat hogi. Kitni kitni raatein nikalti ja rahi thi, jab hamari baatein nahi ho pa rahi thi sahi se. Main jab jab shikayat karta Zoya se, woh humesha wahi bahane banati rehti thi ki jo samne hai, usey zyada importance deni hoti hai, ye, woh.

Zoya ki sabse kharab aadat yahi thi, ki woh samne baithe shaqs ko zyada importance dene lagti hain, aur jo door hai, bhale hi khaas ho, usey ignore karne lagengi, ussey ummeed karengi ki woh samjhe. Main kab tak samjhu, mujhe yahi samajh nahi aa raha tha ab. Ghutan hone lagi thi ab mujhe. Pyaar ki do baatein kare hue ek arsa beet gaya tha. Na jaane woh beparwaah kyun nahi samajhti thi mere jazbaato ko. Mujhe baar baar ye darr satata rehta tha ki kahi humare darmiyaan dooriyan na badh jayein, kahi hum alag na ho jayein.

Bahaut din aise hi ja rahe the, sahi se baat hi nahi ho rahi thi. Zoya ek raat pehle mujhse bol kar soyi thi ki mujhe kal college nahi jana hai. Itna sunte hi maine bhi socha ki main kal nahi jaunga, taaki pura din baat karne ka mauka mil jaye.

'Bhabhi, kal college nahi jaunga, Saturday hai, itna important nahi hai, to aap mujhe subah mat uthaiyega,' sone se pehle main bhabhi ko bol kar soya.

'Good morning, baby,' maine agle din text kiya.

Bahaut time beet chuka tha, unka koi reply nahi aaya. Main sochte sochte us waqt mein chala gaya, jab main subah uthta tha, to mere uthne se pehle Zoya ka message aa chuka hota tha, woh bhi behad khubsoorat sa. Yaad aa rahe the woh din, jab mujhe uthne mein zyada der ho jati to woh calls karke uthati thi. Kitna khubsoorat ehsaas tha woh, sochte sochte meri aankhein namm ho gayi.

Apni aankho ke samne apne mehboob ko badalta dekh bahaut dard ho raha tha, aisa dard jisme, cheekhna chahta hoon, par cheekh nahi pa raha, rona chahta hoon, par aansu bhi sawaal kar rahe hain, ki aakhir kab tak?

Dupeher ke 12 baj gaye, 2 baj gaye, 4 baj gaye, unka koi message nahi aaya. Maine calls kari to uska bhi koi jawaab nahi. Main bas pagalo ki tarah pure din intezaar karta raha. Kareeb 7 baje, shaam ko, unhone mujhe message kiya, 'Anubhav, college mein ek sports event hone wala hai, toh usme hum sab logo ne sports club join kar liya hai, thoda sa busy raha karungi ab main.'

Mujhe woh message padh ke itna gussa aaya ki ek to waise hi hum logo ki ab baat nahi hoti, upar se inhone naye clubs join karliye. Mujhe ek baat samajh nahi aati, koi insaan itna befikar kaise ho sakta hai, 2 mahine pehle tak sab aisa tha jaise, pata nahi kitna pyaar umad raha hai, aur college join karne ke kuch waqt baad hi ye sab ho raha hai, kya ye sab normal hai? Mujhe nahi lagta. Ye kisi galat ore hi ja raha hai.

'Zoya, maine aaj aapki wajah se leave li, ye soch kar ki pura din baat karenge, kaafi dino se baat nahi hui hai, misunderstandings ho gayi hain, unhein clear karenge, ek dusre ke saath pyaar ki do baatein karenge, lekin aapne to ek pal ke liye bhi mere baare mein nahi socha,' maine apni baat rakhi.

'Anubhav, thode bade ho jao ab, har waqt ek hi cheez zaroori nahi hoti hai, kal ko mere paas kuch nahi tha karne ko, na padhai na college, to main saara time tumhe deti thi, ab itna sab kuch ho gaya hai, ab tumhe hi adjust karna hoga,' Zoya ne bhadakte hue kaha.

Us din, mere paas bahaut berehm jawaab tha is baat ka, lekin maine khamoshi bhej di, kyunki, woh insaan samajhne ke liye taiyar nahi tha. Ek arsa beet ta ja raha tha, mujhe baar baar nazarandaaz kiya ja raha tha, aur main chah kar bhi, kuch kar nahi pa raha tha.

Adjustments jab do log karein, jab do log ek dusre ki pareshaniyo ko samjhein, jab do log ek dusre ka sahara bane, unhein aagey badhayein aur kaabil banayein, rishta tab hi tik pata hai, rishte ki dor tab hi majboot reh paati hai. Yeh jo ho raha tha na, isme bas ek hi insaan se ummeed kari ja rahi thi ki, woh samjhe, woh adjust kare, woh nibhata hua chale, aur ab is baat ki bhi koi ummeed nahi reh gayi thi ki ye zyada door tak chale.

Maine humesha se Zoya ko support kiya. Jab woh mere saath thi, tab bhi main unki salamati ki dua har pal mangta tha, aur unka mera ho jaane ke baad, ye sab sau guna badh gaya tha, lekin aaj, aaj jab main ye dekh raha hu ki meri taraf se aaj bhi 100 per cent hai, par unki taraf se 10 per cent bhi nahi, to dil ro raha hai, hadd se zyada ro raha hai.

Mujhe aisa lagta tha ki relationship mein pyaar karna, parwah karna, apna time dena, ye sab zaroori hai, aur ye sab maine shuru se diya hai, jitni zaroorat thi ussey zyada hi diya hai, to kyu aaj in sab cheezo ki value nahi kar rahi hain woh? Unhein aadat padh gayi hai kya meri? Dimaag ek second ke liye bhi shaant nahi ho raha tha, har samay kuch na kuch chal raha hai, mann kar raha tha ki samne baithau aur ek ke baad ek sawaalo ke jawaab mangu, par afsos, filhaal mumkin nahi tha.

Maine us message ka koi reply nahi kiya, apna phone side mein rakha, gate lock kiya, aur phir jo rona shuru hua hai mera, shayad us raat pehli baar mujhe aisa laga ki main ab Zoya se door ho raha hoon, shayad woh mujhe ab chhod dengi.

Woh mujhe aksar batati rehti thi ki jo unke male friends bane the college mein, kitne zyada logo ko woh pasand aane lagi thi. Mujhe kayi baar aisa lagta tha ki kahi unhein mujhse behtar insaan to nahi mil gaya? Agar aisa ho gaya hoga, to kasam se, zinda laash hi ban jaunga main, kyunki duniya ki sabse ghatiya feeling hoti hai, jab koi aapko kisi aur se replace karde, aapko apne upar doubts hone lagte hain. *Kya mere pyaar mein kami reh gayi thi? Kya main itna kaabil nahi jo main kisi ko apne pyaar se rok saku? Kya mere pyaar mein itni takat nahi?* Aise thoughts aapko pareshaan kar dete hain, aur main ye sab nahi dekh sakta tha. Ab meri badhti insecurity mera chain chheen chuki thi.

Kaafi der baad tak bhi unka koi message nahi aya, jaise unhone intezaar hi nahi kiya ho uske baad mere kisi bhi message ya call ka. Ek aur raat beeti, meri unse bina baat kare.

31

deenanath ki lassi, kuch seekh de gayi

💔

October to aa hi gaya tha, lekin jaise jaise ye mahine aagey badh rahe the, meri zindagi bahaut hi zyada negative hoti ja rahi thi, mera kisi bhi kaam mein mann nahi lagta tha, kisi se baat karne ka mann nahi karta tha, kahi jaane ka mann nahi karta tha, manhusiyat si chha gayi thi zindagi mein.

Dosto se bhi kahi na kahi thodi doori hone lagi thi. Wahi baat hai na, har koi negativity apna nahi pata, log door jaate hain negativity se. Ab mera college jaane ka bhi itna mann nahi karta tha, jaata bhi tha to mayusi barkarar rehti thi chehre pe.

Kitni dafa maine Zoya se bheek mangi unke pyaar ki, ro ro ke unse kaha ki, 'Aisa mat karo, mat door karo mujhe khud se, ye do dil zaroor hain, lekin ek hi jaan hai, agar rooh ko rooh se juda karogi to dard bardasht se bahar ho jayega,' par meri kisi baat ka asar hi nahi hota tha unpe.

Kal tak, meri jin cheezo se Zoya meri taraf khichi chali aati thi, aaj woh sab kuch karke dekh raha hoon, kabhi unke favorite songs gaa ke, to kabhi unke liye videos bana ke, aisi videos, jinme main ye dikha saku ki kitna takleef mein aa chuka hoon. Par, ab sab kuch beasar ho raha tha.

Mera birthday 25th ko tha. Aaj 4 saal pure ho chuke the meri is ek tarfa mohabbat ko, aur is dauraan mere har birthday par main ummeed karta tha ki is baar mere birthday par woh mere liye kuch karein ya na karein, par at least mere saath ho, mujhe ye ehsaas dilayein ki main is birthday par akela nahi. Dost rahe pehle bhi, par pyaar hona bahaut special hota hai.

Is saal ki jaisi shuruwaat thi, usey dekh kar aisa mehsus ho raha tha ki finally is birthday par meri ye khwaish bhi puri ho jayegi, magar, meri birthday aatey aatey, mera rishta, jo Zoya ke sang tha, woh puri tarah gaddhe mein ja chuka tha, pura tabaah hota ja raha tha. Phir bhi mujhe ummeed thi ki Zoya shayad meri is khwaish ko khwaish rehne nahi dengi, ho sakta hai birthday aatey aatey woh apne is behaviour ko theek karlein aur hum apne is relation ko khushi khushi continue karein.

3 October 2015

'Anubhav, mere internal tests 15 October se hain, 3 din chalenge, lekin bahaut pareshani hogi, kyunki agar clear nahi hue, to bahaut problem ho jayegi, to ho sakta hai hamari baat kam ho,' Zoya ne mujhe inform kiya.

'Theek hai, main aapko disturb nahi karunga, lekin uske baad wapis aa jaogi meri life mein, jaise pehle thi? Aap ek mahine baad baat karo, koi dikkat nahi hai, lekin jab wapis aao to waise hi aana jaise ek mahina pehle thi aap mere saath,' maine jawaab diya.

'Main waisi hi hoon, Anubhav! Please apne attitude ko change karo yaar, tumne alag pareshan karke rakha hua hai, tumhe pata hai tumhara lagatar messages aur calls karna mujhe kitna zyada mentally disturb karta hai? Main chain se padh bhi nahi pati,' Zoya ne mujhe blame karte hue kaha.

Aaj bhi main khamosh reh gaya. Kal tak jis insaan ke gale ke neeche nivala nahi utarta tha, jis insaan ka baat kare bagair din shuru nahi hota tha, jis insaan ke aagey marne ki baat kardo to din bhar ke liye baat karna band kar deta tha, aaj us insaan ki mental peace sirf mere pyaar aur care dikhane se chhin chuki thi.

'Pichle do mahine se meri jo mental peace chhini hui hai uska kya? Do mahino se main chain ki neend nahi soya hu, har khayal tumhara, har sawaal tumhara, har dua mein tum, har pal mein tum, saans loon to tumse, khushi ki wajah tum, har aansu tumhare naam ka, uska kya?'

Maine ye message likha, aur phir mita diya. Khud se ladaiya lad raha tha, khud hi khud mein sawaal kiye ja raha tha, kyunki darr tha, agar ye sab bol diya to jitni paas hain, jitni baat kar rahi hain, utni bhi nahi karengi. Kyunki maine, bahaut achhe se Zoya ka woh roop dekha hai, jab unhein kisi ke hone na hone se koi fark nahi padta.

Maine decide kiya ki chalo is waqt unhein zaroorat hai kisi ke support ki, kyunki exams ka pressure hai, padhai ka pressure hai, medical ki padhai waise bhi bahaut mushkil hoti hai, toh main zyada unse nahi kahunga kisi cheez ke liye, ya sawaal karunga, kya fayeda exams kharab ho jayein meri wajah se.

10 October 2015

Jab mujhe bhaiya-bhabhi ne dekha ki main aksar mayus sa rehta hoon to unhone wajah samjhi ki main ghar se bahar nahi nikalta, is wajah se mera mann kharab sa rehne laga hai, to unhone mujhe roz shaam ko thodi der bahar ghumne ke liye kaha, taaki mera mann achha ho jaye. Maine bhi socha ki, haan, thodi bahar ki hawa lagni zaroori hai.

Main shaam ko nikal hi raha tha ki phone pe ek call aayi, dekha to Ankit ki call thi.

'Aur bhai, kaisa hai?' Ankit ne pucha.

'Theek hoon bhai, tu bata?' maine jawaab diya.

'Main bhi badiya, aur kaisa chal raha hai Zoya se sab?' usne aur pucha.

'Bas sab badiya hai, filhaal exams hain to kuch busy hain padhai mein, baaki sab theek hain,' maine chhupate hue kaha.

'Achha, tu pichle do hafto se aaya nahi hai Rampur, koi baat hai kya?' usne doubtfuly pucha.

'Bhai, college se assignment mila hai jisko submit karna hai time pe, jaise hi submit ho jayega, us weekend par aa jaunga,' maine bahana banate hue kaha.

Actually main ja nahi pa raha tha kyunki main disturbed tha kaafi. Mera kahi jaane ka mann nahi karta tha, jaise taise bas college chala jaata tha, kyunki waha attendance ka chakkar hota tha, baaki main kahin ata jata nahi tha.

Thodi der baat karne ke baad maine phone rakh diya, aur scooty se nikal pada. Mujhe Bareilly ke Deenanath ki lassi aur pav bhaji bahaut pasand thi, jo ki pure Bareilly mein sab se zyada famous thi, aur wo Hartman School, jiske paas main rehta tha, waha se bas kuch hi duri par tha. Toh maine socha, main wahi jata hoon, kuch tasty sa kha ke apne mood ko refresh karta hoon.

Jab se Zoya ka aisa behaviour hua tha, mera dimaag ek second ke liye bhi shaant nahi hota tha, har samay ek hi naam dimaag mein ghumta rehta tha, aur main khud is baat se pareshan ho chuka tha. Main bahaut koshish karta apni is overthinking ko control karne ki, lekin mere paas koi solution nahi hota tha.

Main aise hi sochte sochte, Deenanath ke yaha pahauncha, waha maine apne liye ek lassi aur pav bhaji order kari, aur paas hi ki ek table par intezaar karne laga. Mere barabar wali table par ek couple baitha hua tha. Couples ko dekh kar mujhe bahaut achha lagta tha, bhale hi wo lad rahe ho ya araam se baithe ho, mujhe dekh kar ek alag hi sukoon milta tha ki, kitne lucky hain ye, apne partner ke saath time spend karne ko mil raha hai, aur yaha, partner se aaj tak mulaqaat tak nahi hui.

Thodi hi der beeti ki un logo ke beech mein thoda jhagda hone laga. Main zyada door nahi baitha tha unse, to mujhe sab sunai de raha tha ki wo log kis baat par lad rahe hain. Ladki ka kehna tha ki, 'Tum mujhe time nahi dete ho, tumhe pata hai main kitna intezaar karti hoon tumhara, kabhi mere liye bhi waqt nikaal liya karo, kisi din chali gayi na toh yaad kar kar ke pachtaogey.'

Is par ladke ne kaha, 'Tumhara har time ka yahi rona hai, jitna time deta hoon, kaafi nahi hai kya? Jitna hai, usi mein khush rehna seekh lo.'

Un dono ki baat sun kar mujhe aisa mehsus hua ki, yaha sab kuch de kar bhi, pyaar bhi, izzat bhi, logo ko kadar nahi hai. Bahar nikal ke dekho to pata chalega, logo ko itna bhi naseeb nahi hota hai. Wahi baat hai na, bina mehnat ke kuch bhi mil jaye to logo ko kadr nahi hoti, abhi mehnat karni pad jaye kisi cheez ko paane ki, aur wo bhi thodi bahaut nahi, saalo ki mehnat, phir pata chalega ki kitni azeez hoti hai wo cheez.

Itne saalo se sirf ek hi shaqs ko chaaha, ab jaa ke mila hai, aise hi thodi khone ka darr satata hai har waqt. Us din, Deenanath ki lassi ke chakkar mein, ek baat seekh li, 'Pyaar sab ko chahiye, lekin utna do jitne ki zaroorat hai. Zaroorat se zyada har kisi ko raas nahi aata, aur ek waqt ke baad uski kadr puri tarah khatm ho jati hai.'

Itne mein mera order aa gaya, maine waiter bhaiya se 2 plate pav bhaji aur 2 glass lassi pack karane ko kaha, bhaiya aur bhabhi ke liye. Itne mein maine apne order ko enjoy kara.

32
zoya, itne behetreen tohfe ke liye shukriya

13 October 2015

Mera behaviour ab bahaut zyada bura ho chuka tha. Main bahaut rudely baat karne laga tha. Dosto ne bhi mujhe samjhana chhod diya tha, aakhir kab tak samjhate mujhe? Har koi irritate ho jayega, agar aap ek jaisa mood bana kar rakhoge har samay.

Filhaal wo waqt aa chuka tha, jab aap upar se dikhate ho duniya ko ki aap bilkul theek ho, lekin andar se puri tarah toote hue hote ho. Bhale hi break-up nahi hua tha, isliye mujhe intezaar tha apne birthday ka ki birthday aatey aatey theek ho jayengi sab cheezein, par kise pata tha dusre shaqs ke dil aur dimaag mein kya chal raha hai.

'Zoya, aap tension mat lo, achhe jayenge test, aap bas mann laga ke padhai karo, baaki bhagwaan pe chhod do, wo sab theek kar denge, Papa ki blessings aap ke saath hain,' maine unhein samjhate hue kaha.

'Anubhav, ye blessings and all, ye sab faltu ki baatein hain, zabardasti motivate karne ki zaroorat nahi hai. Ek to main waise hi frustrated hoon, upar se tum aur mera sar dard ban ke baithe ho,' Zoya ne phir bhadakte hue kaha.

'Zoya, main to aap ko bas positive karne ki koshish kar raha hoon, aap mujhe itna galat kab se samajhne lagi? Mujhe samajh nahi aata aap ko hua kya hai? Achanak se aap itni kaise badal gayi? Do mahine beet chuke hain, mujhe aise treat karti ho jaise main koi sadak chhap aashiq hoon jo aap ke peeche pada hua hai,' maine apni mann ki baatein kahi.

'Anubhav, you know what? Humein baat karne ki zaroorat hai. Mere exams khatm ho jayein, uske baad hum baat karenge. Thank you for your support, take care.'

Har baar ek naya dard, har din ek nayi maut jaisa lagne laga tha. Aisa lag hi nahi raha tha ye wahi shaqs hai jo mujhse pyaar karta tha, aisa lag raha tha, jaise Zoya ko koi control kar raha hai, koi hai is sab ke peeche, maine bahaut koshish kari janne ki, unke dosto se contact karne ki koshish bhi karta tha, par wo sabse mujhe block karwa deti thi.

Aisi baatein, aise lafz neendein chheen chuke the, ab samajh nahi aa raha tha aakhir kya baat karengi wo. Main kitni hi positivity lekar jaau us shaqs ke paas, wo humesha aur zyada negative ho jaati thi aur mujhe pehle se bhi zyada kosti thi.

15 October 2015

Aaj unka test tha. Ab to mujhe darr lagne laga tha ki kahi unhein best of luck bolne ke chakkar mein wo mujhe sunane na lag jayein. Lekin mujhe aisa lagta ki unhein zaroorat hai iski, toh zyada na sochte hue maine unhein call kiya.

'Best of luck, Zoya,' maine wish kiya.

'Thanks!' unhone bahaut hi feeki si awaaz mein kaha.

'Taiyari ho gayi achhe se?' maine pucha.

'Hmm ... ' unhone jawaab mein halki si awaaz nikali.

Mujhe laga ki shayad unka mann nahi baat karne ka, to maine kaha.

'Chalo aap padh lo, abhi time hai, revision karlo. College se aa kar mujhe bataiyega ki kaisa hua aapka test.'

Maine socha, chalo thodi der unke liye pray kar leta hoon ki achha jaye unka test, kisi tarah ki nirasha na ho unhein. Maine pray kiya aur main ready hone ke liye chala gaya.

Bhabhi ne mere liye ek glass doodh bana rakha tha, wo pee kar main college ke liye nikal gaya. College pahauncha to main thoda dosto ke sang ghul mil kar relaxed ho gaya. Physically bhale hi main college mein tha par mentally main bas yahi soch raha tha ki Zoya ka test achhe se ho jaye.

Maine Pawni se share kiya ki mujhe Zoya ne kaha hai ki wo mujhse tests over hone ke baad baat karengi. Tests 18 October ko over ho jayenge, to jaha tak hai wo mujhse 18 ya 19 ko baat kar hi lengi. To usne mujhe kaafi samjhaya ki tu chinta mat kar, wo shayad sahi kar legi tujhse sab.

Main sab ko ye baat ab kaise samjhau ki jis tarah se wo mujhse baat karne lagi thi, mujhe nahi lagta kisi bhi surat mein wo mere paas bhi rehna chahengi, par kisko pata tha aagey kya hone wala hai.

College mein pura din time spend karne ke baad, main ghar aaya aur aate hi sabse pehle Zoya ko call kiya, ye janne ke liye ki kaisa hua unka test.

'Zoya, kaisa hua aapka test? Koi dikkat to nahi hui?' maine pucha.

'Ummm ... ye wala toh achha hua, zyada kuch khaas nahi tha isme, bas Anatomy se darr lagta hai, wo hard subject hai,' Zoya ne kaha.

'Koi baat nahi, filhaal ye subject to achhe se de dijiye, baaki ab next ki preparation start kar dena aap,' maine unhein thoda positive karte hue kaha.

'Chalo theek hai, main padhne baith rahi hoon, karti hoon baat,' Zoya ne jaane ka ishara diya.

'Chaliye theek hai, aap padh lo,' main bhi rok na saka.

18 October 2015

Aise hi ek ek karke, Zoya ke teeno tests hue, maine unhein har din best of luck kaha, wo har din thodi irritate ho jaati thi but mujhe lagta tha shayad kehna zaroori hai, ye baat un tak pahaunchani bhehad zaroori hai ki main hoon, main phir bhi hoon, aap kaise bhi mere saath behave karlo, main tab bhi yahi rahunga, isey meri zid hi samajhlo. Mujhe nahi pata tha ye temporary hai ya permanent, par mujhe abhi

bhi ummeed thi ki shayad Zoya ko ehsaas ho jaye, ki unka behaviour kis tarah galat hai.

Aaj unke tests over ho gaye, main wait karne laga ki shayad ab wo mujhse baat kar lein, kyunki unhone kaha tha mujhse 18 ke baad baat karne ke liye. Maine aaj contact karne ki koshish kari, par unhone us baare mein baat hi nahi kari, aur kaha, 'Sahi waqt aane par baat karengi'.

Yeh sun ke mujhe bahaut bura laga ki, yaar, aap kyun itna taal rahi ho ek insaan ko, at least ye to batao ki aap uske paas rehna chahti ho ya nahi, aise beech mein latka kar chhodne ka kya matlab banta hai. Maine bahaut janne ki koshish kari, par har baar mujhe nakamyabi hi mili.

Mere birthday mein bas ek hafta hi tha. Unhone mere liye, mere mann ko khush karne ke liye, har raat 12 baje mujhe WhatsApp par countdown message bheja, '7 days to go', jisko dekh kar mujhe itni zyada khushi nahi hoti thi, kyunki main aisa ho gaya tha ki, yaar pehle aap humare beech jo relationship toot ta chala ja raha hai, usey to theek karlo, baad mein ye sab karna. Itni fake happiness dene ka kya matlab banta hai.

Maine har din unke us message ka reply rone wali emoji bana ke kiya, kyunki wo mujhe khushi nahi, har din ek nayi chot pahauncha rahi thi, ek naya zakhm de rahi thi.

Samay ka pahiya chalta gaya, main Rampur pahaunch gaya tha. Waha Mummy se mila, Papa se mila, unke saath do pal baith ke mujhe kaafi shanti mili. Sahi kehte hain, bahar ke log aapko khushiya to dete hain, par temporary hoti hain. Aapki family se aapko jo khushiya milti hain unka koi tod nahi hota, unke paas do pal baith ke aapko ek alag hi satisfaction milti hai. Mujhe ehsaas hua ki shayad ek yahi cheez thi, jiski kami thi itne dino se.

25 October 2015

Raat ke 12 baje mere paas sab ke messages aane lage. Ankit, Pawni, Tulya, Honey, Hanisha, Gopika, Kajol, Saransh, Sandeep, bahaut se dosto ke aaye, mujhe bahaut achha laga. Zoya ka kareeb 12.30 baje message aaya.

'Happy Birthday, have a great day … '

Maine wo message padh ke socha, *Itna ehsaan main kaha lekar jaunga aapka?*

Maine sab ko reply kiya par Zoya ko nahi. Woh kehte hain na, 'Expectations lead to disappointment', mere saath bas wahi hua. Ummeedon ke pul bandhe hue the, wo pul puri tarah toot gaye. Us shaqs ne ek call tak karna zaroori nahi samjha. Mujhe samajh nahi aa raha tha, aakhir kaunsi dushmani nikali ja rahi thi mujhse, aakhir kyun mujhse itna bair kiya ja raha tha. Yeh tha tumhara pyaar?

Woh message padh ke mera rona nikal gaya, aur main itna zyada roya ki main bata nahi sakta. Duniya ki sabse ghatiya feelings mein se ek hoti hai apne birthday par rona. Matlab, is din duniya aapke paida hone ki khushi mein naachti hai, jhoomti hai, family mein sab khush hote hain, aur yaha, main aaj ro raha tha, phoot phoot ke ro raha tha.

Mera mann hi nahi kara ki main unse baat karu, us message ka reply bhi karu, maine wo message 'read' karke chhod diya. Ummeed thi ki birthday par shayad achhe se wish karengi, par itna pyaar bheja hai apni un wishes mein unhone jiska koi jawaab hi nahi.

Raat ke kareeb 3 baj chuke the. Unko baar baar WhatsApp par online dekh mera sar fata ja raha tha. Unhone ek baar bhi ye nahi socha ki maine aakhir unhein reply kyun nahi kiya? Kya unhein fark padna bhi band ho chuka tha? Samajh nahi aa raha tha. Mujhse raha nahi gaya aur maine unhein call kar di.

'Zoya?' maine tooti hui awaaz mein kaha.

'Haan bolo?' unhone akadte hue reply kiya.

'Aapne mujhe ek pyara sa wish tak nahi kiya, ek call bhi nahi, kyun?' maine roaansu hote hue pucha.

'Mann nahi tha,' unhone phir akadti awaaz mein kaha.

'Hua kya hai aap ko? Baat kyun nahi karti aap mujhse ab? Humara relationship pura tabah kar diya hai aapne! Aakhir chahti kya ho aap? Na baat karti ho na kuch. Meri zindagi mein ho kar bhi nahi ho,' kuch dard bhare sawaal kiye.

'Anubhav, mujhse nahi hoga ab,' unhone kaha.

'Kya nahi hoga, Zoya?' maine ansu pochte hue sawaal kiya.

'Main tumhare saath relationship mein nahi reh sakti. Main tumse pyaar nahi karti ab. I WANT TO BREAK UP WITH YOU,' unhone akadte hue kaha.

Itna sunte hi mere mann mein sirf ek khayal aaya, 'Kya behetreen tohfa diya Zoya aapne birthday ke din.'

33

main toot gaya

💔

'Tohfa? Tumhe pata hai, pichle 3 mahine mein tumne meri life ko kya se kya bana diya hai? Tumhe pata hai, kitna mushkil hai tumhe pyaar karna? Mujhe lagta tha ki shayad main kar sakungi tumhe pyaar, lekin nahi, maine jitna asaan socha tha tumhe pyaar karna utna hai nahi, tumhe pyaar karna ek musibat hai, tumhe sambhalna ek musibat hai,' Zoya ne irritate hote hue kaha.

'Zoya, mushkil tha mujhe pyaar karna? Aakhir kya kami thi mere pyaar mein? Izzat kam di? Parwah kam ki? Support kam kiya? Aakhir kya kami thi? Jab tumne chaha tab tumne baat kari, jab chaha nahi kari, har cheez aapke hisaab se hui thi, maine kabhi dominate tak nahi kara tumhe, phir kyun ye sab kar rahi ho aap?' maine apne jazbaat zaahir kiye.

'Mujhe nahi achha lagta ab tumhare sang, na rehna hai ab, hum dost hi theek the. Mujhe koi dikkat nahi hai tumse dosti rakhne mein, ek achhe dost ki tarah reh sakte ho to reh lo, lekin ye relationship mujhse nahi ho payengi ab ek pal aur bhi,' Zoya ne kaha.

'Rishte ko todne mein pal bhar lagta hai, aur banane mein saari zindagi nikal jaati hai. Aap jo kar rahi ho wo theek nahi hai. Aap mujhe ek chance de sakti hain, main apne emotions ko control karunga, khud ko improve bhi karunga, ek baar bharosa karke to dekhiye,' maine unhein samjhane ki koshish kari.

Zoya ne meri ek nahi suni. Shayad, woh faisla kar chuki thi ki unhein ab rehna nahi sang. Us raat main bahaut gidgidaya unke aage, bahaut bheekh mangi, magar unhone mere aansuo tak ki parwah nahi kari. Maine bheekh mangi unse unki zindagi ki, us zindagi mein khud ke liye jagah ki, par sab bematlab saabit hota chala gaya.

Puri tarah toot chuka tha main, bikhar chuka tha main aur kal tak jo tha, jo shaqs mujhe samet liya karta tha, aaj usne hi ek-ek hisse ko behisaab toda. Kaise ummeed karta unse ki wo hi mujhko jodein.

Meri nazro ke samne woh saare pal aa rahe the, kaise pehli baar baat hui thi meri, kaise ehsaas hua tha mohabbat ka, kaise maine unhein dekha tha, kaise paas se guzri thi woh, kaise unhone jaate jaate aakhiri baar, mujhe 'bye' bola tha. Aisa lag raha tha, beete waqt mein jaa kar unhein mujhse door jaane se rok lu, kyunki shuruwaat wahi se hui thi, Rampur ke usi mod se, jaha unhone mujhe aur maine unhein, apni nazro ke samne aakhiri baar dekha tha.

Mujhse nahi ho raha tha, mujhe yakeen nahi ho raha tha ki koi itna berehem kaise ho sakta hai, kaise koi kisi se pyaar karke is tarah usme hazar kamiya nikaal kar, usey beech raah yu chhod sakta hai.

Unhone mujhe roti hui haalat mein chhod diya aur call disconnect kar di. Suraj ki kirnein mere chehre par jab tak padi, tab tak main bas ro hi raha tha. Apne usi room mein tha jahan baithe baithe maine raatein guzaar di thi Zoya se baat karte karte. Aaj aisa lag raha tha jaise ye deewarein paas aa rahi hain, aur apas mein mil kar mujhe dabane ki koshish kar rahi hain. Zameen par maano mere jism ka katra katra bikhar chuka tha, chote chote hazar tukdo mein.

Behad mushkil ho raha tha khud ko sambhalna. Main is judai ko puri tarah accept nahi kar pa raha tha, mujhe laga, agar main koshish karunga Zoya ko manane ki to wo maan jayengi. Isliye maine apne aapko sambhala, jaise taise apne aansuo ko behene se roka.

Us raat ke baad ki har raat maine zakhmo ko pirone mein guzari. Apne zakhmo par khud hi marham lagata, kyunki us waqt akela pad chuka tha main. Maine bahaut koshish kari, agle 2 din tak ki, unhein kisi tarah mana lu, baat karlu, par wo meri calls nahi uthati thi, aur mere messages ka reply nahi karti thi. Subah 11 baje text bhejta, ek ghante, do ghante tak chat box khol kar baitha rehta aur ye dekhta rehta kab online ayengi, kab 'read' karengi, lekin sab bematlab saabit hua.

28 October 2015

Raat ka samay tha, kareeb 11.15 ho rahe the, maine humesha ki tarah unhein call kiya, unse baat karne ki koshish kari.

'Zoya, please, main aapke aagey haath jodta hoon, please mujhse ek baar baat karlo, ek baar mujhe sun lo, mujhe ek chance de do, please,' maine phir rona shuru kar diya.

'Anubhav, kya fayeda, mere dil mein ab nahi ho tum, tumne apna chance gawa diya, mujhse nahi hoga pyaar, na nibhega ye rishta,' Zoya ne kaha.

'Zoya, agar tumne mujhse wakayi mein sachha pyaar kiya tha to please mujhe ek chance de do, main apne aapko pura badal lunga, aur waisa ho jaunga jaisa aap chahti ho,' maine phir samjhaya.

'Hmm ... chalo theek hai, main koshish kar sakti hoon,' unhone meri baat ko mante hue kaha.

'Main promise kar raha hoon Zoya, main apne aapko badlunga, zaroor badlunga. Main aapki cheezo ko samjhunga, aur kabhi rounga bhi nahi aapke samne,' maine promise kiya.

'Okay, chalo baad mein baat karte hain. Bye!' unhone baat kaat te hue kaha.

Us conversation ke baad mujhe puri tarah satisfaction nahi mila. Kyunki, mujhe aisa lag raha tha jaise ye bas ek ehsaan tha, jo unhone mujh par kiya tha. Lekin, ab bas ek hi zariya dikhayi de raha tha, wo jo kabhi nahi hua tha, unse mulaqaat. Mulaqaat hi ek aisa zariya tha jisse main unhein ek baar phir se paane ki koshish kar sakta tha. Ek aakhiri ummeed, ho sakta hai jab waha pahaunch kar unke samne khada ho jau, to wo pighal ke mere paas aa hi jayein, pighal ke nahi to kam se kam insaniyat ke naate hi sahi, par mil zaroor lengi.

Maine bina der karte hue aane wale Sunday ko Rampur se Lucknow ke liye jo train thi, Rajya Rani Express, wo book karli aur saath hi ek room bhi book kar liya. Zoya har Sunday ko apne dosto ke saath kahi na kahi jaati hi thi, kabhi kisi restaurant, to kabhi kisi café.

Mummy ko maine bataya tha ki main Ankit ke saath, uske kisi kaam se Lucknow ja raha hoon train se, aur kal tak lautunga. Agle din subah 7.15 baje ki train thi, main railway station ke liye nikla.

34
zoya se pehli mulaqaat?

💔

Maine nikalte nikalte Zoya ko ek message likha, 'Main aa raha hoon.'

Maine hazar baar socha us message ko send karne se pehle, magar, kuch tha, koi ehsaas tha jisne mujhe rok liya us message ko send karne se.

Mera pura raasta kat gaya. Mujhe kahi na kahi aisa lag raha tha ki agar wo mujhse mili hi nahi, phir? Bharosa main aaj bhi karta tha, dil mein kahi na kahi mere aaj bhi ek ummeed thi ki wo milengi, ek baar hi sahi, par zaroor milengi. Zoya shayad itni bhi heartless nahi hongi, itna to aap kisi dushman ke saath bhi nahi karenge.

Main kareeb 2 baje Lucknow pahaunch gaya. Us sheher mein kadam rakhte hi mujhe ek ajeeb sa ehsaas hua. Dhadkan tez ho rahi thi, aankhein namm thi. Main akele kahi aata jata bhi nahi tha, ek arse baad main akele travel karke pahauncha tha yahan tak.

Main seedha hotel pahauncha, jo maine pehle se hi book kiya hua tha. Hotel pahaunchte hi, saari formalities puri kar ke main apne room mein aa gaya aur plan karne laga ki aakhir kis tarah main milu, kis tarah un tak pahaunchu, par wo kehte hain na, bhagwaan upar se sab dekh raha hai, mera yaha tak pahaunchne ka ek maqsad tha, aur wo kya tha, iski bhanak tak nahi thi mujhe.

Kareeb ek ghante tak main sochta raha ki kaise main un tak pahaunchu. Main apne Instagram ki feeds scroll karne laga. Achanak, mere phone pe ek Snapchat ki notification aayi, woh snap Pawni ka tha. Picture dekhne ke baad main Snapchat stories dekhne laga, pehli story mein ek quote tha, wo quote kuch is tarah tha:

'Agar aap kisi ko dhokha dene mein kamyab ho jaate hain, to ye mat sochiyega ki, woh insaan bewakoof hai, ye samajh lena ki us insaan ne, jitna aap deserve karte the, ussey kayi guna zyada bharosa kiya.'

Woh quote padhte padhte main kuch sochne laga, itni der mein wo story change ho gayi. Achanak, Zoya ki ek story samne aayi. Us video mein unhone apni friend ko record kiya tha kuch mazaak karte hue, par bahaut dhyaan se jab maine dekha toh, wo video kisi, Curry Leaf naam ke restaurant ke samne ki thi, jo ki Hazratganj market ki lag rahi thi. Hazratganj market Lucknow ke sabse popular markets mein se ek hai. Upar time dekha to '29 minutes ago' likha hua tha, wo dekh kar mere chehre pe smile aa gayi ki shayad ab mere liye asaan ho jayega unhein dhundna aur unse milna.

Maine bina der karte hue wo hotel chhoda aur bahar se hi ek autorickshaw kiya. Main auto mein baitha aur waha se nikal gaya, maine Google Maps mein dekha ki waha se Hazratganj market kitni door hai, to pata chala ki 15 minutes ka rasta tha. Raaste mein kaafi traffic jam laga hua tha. Us waqt ko maine aankhein band karke mehsus kiya.

Main Zoya se zindagi mein pehli baar milta, pehli baar unke saath baith kar baatein karta, jis shaqs se 4 saal pyaar kiya, finally, ab ussey milne wala tha, aisa lag raha tha jaise main kisi movie ke character ka role play kar raha hoon. Wakayi mein, ye ek movie hi thi, jis mein aane wale 15-20 minutes mein happy ending honi thi, ending nahi to at least happy aur special moment to zaroor hona tha.

Raaste ke traffic jam se nikalte hue, auto wale bhaiya ko khushi khushi mein maine 50 rupay extra de diye. Maine socha ki ek rose lelu, kyunki pehli baar milne wala tha, toh maine paas hi ek bachhe se, jo ki bahaut saare roses lekar 'rose lo' cheekh raha tha, ek rose le liya. Shaitan kahi ka, double meaning baatein bol ke bech raha tha. Maine usko 20 rupay diye aur ek rose le liya.

Bas, ab mujhe unhein dhundna tha, jo ki apne aap mein bahaut bada task tha, kyunki jab maine wo market dekhi to wo itni badi thi ki koi bhi gum ho jaye waha. Mujhe yaad aaya ki Curry Leaf restaurant ke bahar ki wo video thi, to mujhe ek baar waha check karna chahiye. Maine pagalo ki tarah bhagna shuru kiya aur bhag kar us restaurant ke samne pahauncha.

Mujhe nahi pata tha ki wo andar thi ya nahi, maine bahar se dekha to uske black colour ke glasses the, mujhe kuch dikhai nahi diya. Mera dil bahaut tez dhadak raha tha.

Maine apne aap ko sheeshe mein dekha, hair theek kare, collar theek kara, aur us gate ko apni ore kheecha. Andar dekha to kuch anjaan chehre the, par jaan pehchaan ka koi na tha. Zoya waha nahi thi, ab mere liye aur bhi mushkil ho gaya tha unhein dhundna.

Main idhar udhar bhatakta raha, kabhi kisi restaurant, to kabhi kisi. Maine Google pe search kar ke jitne bhi top restaurants the waha, un sab ki location pe ja ja ke check kiya, par mujhe Zoya kahi nahi mili. Dhundte dhundte shaam ke kareeb 6 baj gaye the, din dhalne laga tha, andhere mein dhundna aur bhi mushkil hone wala tha. Mujhe samajh mein nahi aa raha tha ki main kya karu?

Main Hazratganj lag bhag jaha khatm hoti hai, waha paas hi ek bench pe apne maathe ko pakad ke baitha hua tha. Itne mein paas hi ek ladke ladkiyo ka group khada tha, wo thoda andar ki side tha, wo log hooting kar rahe the isliye sab ka dhyaan kheech rahe the, mera bhi dhyaan un par gaya.

Maine samajhne ki koshish kari ki wo aakhir kar kya rahe hain. Maine dhyaan se dekha to kareeb 5 ladkiya thi aur 2 ladke the. Mujhe chehre kisi ke saaf nahi dikh rahe the. Magar, kabhi kabhi, jo chehra aap dekhna chahte ho, wo aankho ke samne khud ba khud aa jata hai. Mujhe khud ki aankho par yakeen hi nahi hua jab maine dekha ki unme se ek ladki Zoya thi.

Jab tak main uth ke ja pata, waha ka manzar badalta nazar aaya. Un 2 ladko mein se ek ladka side se nikal ke aaya, aur usne Zoya ka haath thaam liya. Haath thaamte hi, woh apni knees par baith gaya aur usne apni pocket se ring nikali, sab log hooting kar rahe the. Ring nikaal ke usne wahi kiya, jo shayad main, jeete ji kabhi soch bhi nahi sakta tha, par na chah ke bhi apni aankhon ke samne ye sab hota hua dekh raha tha.

Usne Zoya se kuch pucha, aur jaise hi usne pucha, maine Zoya ke chehre pe smile dekhi, mujhe samajh aa gaya tha ki agle hi pal waha kya hone wala hai. Meri aankhein nam ho gayi wo muskurahat dekh kar. Zoya ne usey ishare se, 'Yes' bola aur us ladke ne uth kar Zoya ko gale laga liya.

35

itna beshaumar pyaar, aur ye sila?

💔

Main us bench pe baithe baithe bikhar gaya. Mujhe apni aankhon par yakeen hi nahi hua ki ye jo maine abhi dekha, kya ye wakayi mein sach hai? Mere hi samne maine apni Zoya ko kisi aur ka hota hua dekh liya tha. Meri aankhon se aansu behne se khud ko rok nahi paaye. Hazaro sawaalo ka jo silsila shuru hua mere dimaag mein, thamne ka naam hi nahi liya.

Bahaut bure bure khayal aa rahe the mujhe, apne aap ko khatm karne jaise, kyunki is zaalim duniya mein, jahan kisi ko mohabbat nahi milti, 3 saal ek hi shaqs ko apne pyaar par yakeen dilane mein guzaar diye, mili to koi kami na chhodi pyaar mein, phir bhi na jaane kya hua tha Zoya ko, wo aisa kyu kar rahi thi, mujhe samajh nahi aa raha tha.

Mann to kar raha tha ki seedhe Zoya ke paas jau, aur unse puchu ki, 'Aakhir kyun ye kiya mere saath? Kisi aur ko pasand karne lagi thi, to bata deti, yu is tarah mujhe mere hi haal pe chhod diya, taaki main khud hi sambhal jau.'

Main samajhne laga ki aakhir kyun itna ignore kiya ja raha tha mujhe har din, kyun achanak fark padna band ho gaya tha unhein, kal tak jo unchi awaaz mein baat karne se bhi darti thi, ab cheekhne lagi thi, jis pyaar ke liye wo tadapti thi, ab us pyaar se irritate hone lagi thi, wajah bas ek, wo mohabbat kisi aur ke liye aa chuki thi, tabhi unhone mere samne ek break-up jaisi situation bana di thi.

Mere dil mein Zoya ke liye 3 saal se jo izzat thi, usey main chah kar bhi khatm nahi kar paya, verna meri jagah koi aur hota to na jaane kya kar gaya hota, jab apne pyaar ko apni hi nazro ke samne dhokha dete hue dekhta to.

Main us jagah par, usi position mein kareeb aadhe ghante tak khada raha. Waha khade khade, upar apne bhagwaan ko dekha, aur bas ek hi sawaal kiya, *Agar juda hi karna tha to milvaya kyun? Woh chali to gayi thi zindagi se, to kyun laaye unhein wapas meri zindagi mein? Main jeena seekh leta unke bina, waqt lagta, magar seekh leta, phir ye itna bada haadsa kyun likh diya meri kismat mein?*

Mujhe pata tha, mere sawaalo ke jawaab siwaye ek insaan ke koi nahi de sakta tha. Maine Zoya ko usi waqt phone nikaal kar call kari, par humesha ki tarah, unhone meri call ko nazarandaaz kar diya. Main ek sheher, wo kisi aur sheher, unhone shayad socha bhi nahi hoga ki mujhe is tarah pata bhi chal payega kabhi.

Bhagwaan ki marzi thi, wo mujhe yahan tak laaye the, kyunki mera sach janna behad zaroori tha, aur ghar rehte mujhe parde mein hi rakha jata, jo ki itne waqt se rakha gaya tha.

Meri jeene ki tamanna khatm ho chuki thi, mujhe samajh nahi aa raha tha ki agar jiyunga bhi to is sadme se kabhi bahar nahi nikal paunga, aur aise har roz ek nayi maut marne se achha, main isey, aaj, abhi, isi waqt apna lu, aur khud ko itne dardo se juda kardu. Magar, mere samne, meri puri family ki tasveer aa gayi, aur sab log muskura kar meri taraf dekh rahe the, mere Papa, Mummy, dono bhai aur bhabhi, aur aisa lag raha tha, jaise sab log mujhe rok rahe hain.

Wo raat, meri zindagi ki sab se khaufnaak raat ho chuki thi. Us sadme se ubharna mere liye mushkil saabit hota chala ja raha tha. Kayi din beete, hafte beete, mahine bhi beete. Maine kabhi kisi ko nahi bataya ki mere saath hua kya tha. Na kisi dost ko bataya, aur na hi ghar mein kisi ko. Mera behaviour puri tarah se badal chuka tha, ek toota hua insaan ho chuka tha main. Jiske chehre ki hasi chhin gayi thi, khushiya chhin chuki thi.

Khud se sawaal karne laga tha, *Kya pyaar karne ki saza yeh hoti hai? Kya tinke barabar bhi gunjayish hai sachhe pyaar ki is duniya mein? Ya har kisi ke dil mein mohabbat tab hi jagti hai, jab wo akele hote hain, aur jaise hi chaar logo se ghir jaate hain, wo sab kuch bhul jaate hain.*

Main aksar unhein yahi messages karta, 'Kyun kiya aapne mere saath aisa?' Unhone mujhe block nahi kiya tha, par meri na calls pick hoti aur na hi messages ka reply aata. Phir ek raat achanak unki call aayi mere paas.

'Anubhav, ye kya laga rakha hai tumne? Kya galat kar diya maine tumhare saath?' Zoya ne pucha.

'Zoya, ye sawaal mujhse puchne ki jagah aap khud se puchiye, kya kiya hai aapne,' maine kaha.

'Tum bolo na, tum kab se mujhe ye bol rahe ho ki maine kyu kiya, ye, wo,' Zoya ne chaudte hue kaha.

'Kaun hai jiske saath ho aap?' maine sawaal kiya.

'Kiske saath hoon main?' Zoya anjaan bante hue boli.

'Zoya, kiske saath ho aap? Kaun hai wo ladka jiske saath committed ho?' maine sawaal pe sawaal kiye.

Zoya confused ho gayi, lekin unki ladkhadati awaaz se ye saaf zaahir ho gaya tha ki wo kuch chhupa rahi hain, jhooth bol rahi hain.

'Main kisi ke saath nahi hoon, Anubhav. Zyada socho mat,' unhone phir aankhon mein dhool jhokne ki koshish kari.

Kaafi der tak unhone accept nahi kiya, lekin jab maine unhein bataya ki aise aise maine unhein dekha tha to unhone mujhe apne us relationship ke baare mein kuch bhi nahi bataya, ki kaun hai woh, kaise aur kab ye sab shuru hua, kuch bhi nahi bataya. Ye sab batane ki jagah unhein ek baat samajh aa gayi thi ki ab waqt aa gaya hai Anubhav Agrawal ke chapter ko humesha humesha ke liye close karne ka.

Unhone mujhe mauka diya, wo sab kuch bolne ka jo mere dil mein kaid tha pichle 3 mahine se. Unhein pata tha ki main kahi na kahi bahaut dard seh raha hoon, bahaut suffer kar raha hoon. Lekin woh kehte hain na, jab insaan ki niyat theek nahi hoti to woh kuch nahi dekhta, kiske saath bura kar raha hai, kiske saath galat kar raha hai, kuch bhi nahi. Woh wahi karta hai, jo wo thaan leta hai karne ki. Mere saath bhi yahi hua tha, Zoya thaan chuki thi.

Unke aakhiri alfaaz the, 'Anubhav, ek baat humesha yaad rakhna, tum bahaut achhe insaan ho, tumne pyaar kar ke galat nahi kiya, aur aisa bhi nahi tha ki tumne galat waqt par pyaar kiya, tumne sirf galat insaan se pyaar kiya. Main dua karungi ki tum bahaut aagey jao, ek successful insaan bano.'

Itna bolte hi unhone meri call disconnect kar di, aur mujhe mere haal pe humesha ke liye chhod diya. Maine unhein pagalpann mein bahaut calls kari, lekin unhone mere number ko block kar diya tha. Main samajh gaya tha ki ab sab khatm.

Meri haalat din par din kharab hoti ja rahi thi. Break-up kaisa hota hai, kaisa lagta hai jab ek insaan ka dil toot ta hai, kaisa lagta hai jab koi apna, jise aap aaj tak apna samajhte the, wo dushmano se bhi bura karta hai aapke saath. Kaisa lagta hai jab koi apna aapka bharosa todta hai, aapki peeth peeche chhuri bhokta hai.

Pehle subah se shaam kab hoti thi, pata nahi chalta tha, lekin ab, subah se shaam aisa lagta tha jaise pura ek saal beet gaya hai. Woh kehte hain na, jab achha waqt aata hai, toh waqt kaha guzar jata hai pata nahi chalta, lekin jab bura waqt aata hai, toh pal pal kaatna bhari pad jaata hai. Din kaise bhi guzar jaate the, lekin raat hote hote yaadon ki jo bauchhaar aati thi, main thoda bahaut jo bhi accept kar pata tha, phir usi zone mein aa jata tha.

Raat raat bhar unka phone busy aane laga, wo WhatsApp pe online bhi lag bhag har samay rehti thi. Main khud se aur khuda se sawaal zaroor karta tha ki, *Kyun kiya ye sab, kya zaroorat thi aise insaan se milvane ki jisko meri kismat mein rakhna hi nahi tha, jisko ek waqt ke baad mujhse door kar dena tha.*

Dheere dheere, in sawaalo ke jawaab maine khud bana liye ki alag hone ki kayi wajahein thi. Pehli wajah, humara koi future nahi tha, iska matlab, ek na ek din alag hona hi tha. Dusri wajah, jis insaan ki niyat thi nahi ek insaan pe tike rehne ki, ya jis insaan ne apni niyat hi kharab karli, to aise insaan ka tumhari zindagi se chale jaana hi behtar hai. Aise logo ke liye aap zaroorat se zyada pareshan ho kar apna waqt zaaya kar rahe hain, aur kuch nahi.

Ek din, maine Ankit ko sab bataya, kyunki mujhse jhela nahi ja raha tha ye sab.

'Bhai, main to soch ke baitha tha ki agar koi pyaar se nahi mana to ghar se bhagane mein help karunga, ye to ulta pad gaya yaar,' Ankit ne mazaak mein kaha.

'Tujhe mazaak soojh raha hai yaar, bandi chali gayi yaar,' maine irritate hote hue kaha.

'Bhai ab gayi to gayi. Chhod na, chal, daaru peete hain,' Ankit ne haste hue kaha.

'Daaru ko haath nahi lagana, chahe bandi chhod ke jaye ya bhagwaan hi samne prakat ho kar kahein,' maine mana kiya.

'Bhai tu samajh nahi raha hai, daaru se tension release hoti hai, dekhiyo, 2 peg mein move on ho jayega,' Ankit ne bharosa dilate hue kaha.

'Na jaane kaun se punye kare the, jo tum jaise kanjar mile hain. Tum jaiso ke hote hue dushmano ki zaroorat kise hai,' maine kaha.

Zoya ke liye is ek tarfa pyaar ko lag bhag 4 saal hone wale the, aur mere liye asaan bilkul nahi tha, itna sab kuch bhula dena kuch chand dino ya mahino mein. Us insaan ki dosti tak main bhula nahi pata tha jab wo mujhe chhod ke chali gayi thi, aur wo sab kaise bhula doon, jab unhone finally mujhe pyaar karna shuru kiya tha, apna liya tha. Shayad andaaza nahi laga paatey log ki, wo kitna impact kar dete hain humari zindagi ko apni maujudgi se.

Ab dheere dheere maine apna mindset kuch is tarah bana liya tha, jab maine khud se pyaar karna shuru kar diya tha, thoda hi sahi, par shuru kar diya tha, kyunki maine ek cheez seekh li thi ki dusro ko pyaar karnc ke chakkar mein hum aksar khud ko puri tarah kho dete hain, aur ye sab se zyada dardnaak hota hai.

Dusro ke liye kabhi apni pehchaan nahi khoni chahiye. Kabhi apni self respect nahi gawani chahiye, kabhi unke pyaar ki, unke waqt ki, unke attention ki bheekh nahi mangni chahiye. Agar jo aapne ek baar aisa kiya, aap humesha ke liye unki nazro se gir jayenge, aur phir chah ke bhi kabhi nahi uth payenge.

Mere jitne khaas dost the college ke, jaise ki Pawni, Tulya, Honey, in sab ko bata diya tha, ki aisa hua, jab Lucknow gaya. Unhein sun ke bahaut bura laga, unhone mere liye bahaut hamdardi jatai. Dosto se share kar lena behtar hota hai, thoda halkapan mehsus hota hai kisi se apne dil ki baat share karke.

36
break-up mein closure bahaut zaroori

💓

1 March 2016

Aaj 1 March thi, aur Zoya ka birthday, jo ki 10 March ko tha, kaafi nazdeek aa gaya tha. Main yuhi unhein check karta rehta tha ki unhone mujhe unblock kiya hua hai ya nahi, toh kareeb birthday se 10 din pehle unhone mujhe unblock kar diya tha. Par, shayad wo itne saalo mein pehli baar tha, jab mere andar ki ichha mar chuki thi unse baat karne ki. Bas, mere sar par bhoot sawaar tha, unke liye kuch karne ka. Zoya mujhe us raat mauka de kar apni taraf se is rishte ko ek closure de kar chali gayi thi, lekin main aaj bhi tadap raha tha, accept nahi kar pa raha tha, in short, mujhe ek closure nahi mil pa raha tha.

Maine kuch planning karni shuru kari ki main kaise unhein khush kar sakta hoon, kaise unke liye ek aakhiri baar kuch kar ke apne dil ko tasalli de sakta hoon. Sabse pehle maine socha ki unke jitne bhi purane friends the, khaskar unke Rampur ke school ke friends aur Aligarh ke kuch friends, un sabko reachout karta hoon aur unse Zoya ko wish karte hue ek video banwaunga. Unki ek friend Faiza, unse baat bhi hui, magar unhone meri help karne ke liye mana kar diya. Kuch aur friends se baat kari, kuch ne kaha bhi hum video bana denge, lekin unki birthday aate aate sab logo ne back out kar liya. Mere mann mein ek baat aayi ki inki apne dosto se itni bhi achhi nahi rahi ki koi inke birthday pe kuch special kar sake.

Ek din college mein main, Pawni aur Tulya baithe hue the.

'Yaar, kya karu? Kaise special feel karau birthday par?' maine pucha.

'Usne tere saath itna galat kiya, aur tu uska birthday celebrate karne ke baare mein soch raha hai?' Pawni ne daant te hue kaha.

'Jo bhi kiya, filhaal main bas ek aakhiri baar unhein special feel karana chahta hoon. I know, bahaut stupid sound kar raha hoon lekin, main chahta hoon, unke liye ek aakhiri baar kuch karna,' maine unhein samjhaya.

'Bhai, aankhein khol le, itna bhi andha nahi hona chahiye kisi ko pyaar mein,' Tulya thodi si bhadki.

'Baat andhepan ki nahi hoti, unhone aakhiri baar baat kar ke closure le liya, mujhe aaj tak nahi mila, shayad mujhe iske zariye closure mil jayega aur main move on ho jaunga,' maine phir samjhaya.

'Dekh le, agar tujhe bhijwana hai to koi dress bhijva de, ya koi pyari si photo frame, chal ek kaam karenge, Archies chalenge, waha se jo pasand aaye, le lenge,' Pawni ne kuch ideas suggest karte hue kaha.

'Theek hai!' maine kaha.

Zoya ke birthday mein ab kareeb 3 din baaki the. Bachpan mein mujhe drawing ka bahaut shauk tha, lekin portraits banana mere bas ki baat nahi thi, phir bhi dil ne kaha, chalo, ek pyaara sa portrait taiyar karte hain. Maine ek din jaa kar shop pe samaan liya aur baith gaya apne room mein.

Maine jo unke chehre ki portrait banayi thi, wo mere sab se favourite pictures mein se ek thi, jo ki Eid ki thi. Us din kareeb 5 ghante tak us paper ke piece pe maine kaafi pencil chalayi aur jo result aaya, wo kaafi amazing tha. Ab mujhe isko jaa ke frame karana tha.

8 March 2016

Aaj 8 March thi. Main Phoenix mall gaya, aur waha pe maine ek studio se ek achha sa frame banwane ka order diya, jo ki agle din milne wala tha. Woh order dene ke baad maine Archies se unke liye, ek achha sa card liya. Ek black colour ka top liya, kyunki unhein black colour kaafi pasand tha, toh mujhe ummeed thi ki unhein ye bhi pasand ayega.

Mere paas ab zyada waqt baaki nahi tha, mujhe agle din frame pick karke parcel karna tha, who bhi speed post se. Agar maine ye sab 3 p.m. se pehle nahi kiya, toh mera parcel agle din nahi pahaunch payega. Maine decide kiya ki main agle din nahi jaunga college, kyunki jata to shayad itni mehnat jo kari, sab waste ho jaati.

Agle din subah kareeb 10 baje utha. Mall mein shops 11 baje se pehle open nahi hoti, toh mujhe ab intezaar karna tha 11 baje ka. Jaise hi 11 baje, main turant nikla mall ke liye. Waha pahauncha toh who studio khula hua tha. Maine jaa ke apne frame ko collect kiya. Frame collect karte hi mere mann mein bahaut jaldbazi thi, main ja hi raha tha toh raste mein cantonment ke paas mera ek chota sa accident ho gaya.

Galti meri nahi thi, dusre bike wale ki thi. Usne chalte chalte achanak brakes laga diye. Main uske peeche hi tha, mujhe mauka nahi mila brakes lagane ka, aur itne mein thokar lag gayi. Mujhe gussa to bahaut aaya, magar mere paas waqt nahi tha ussey ladne ka. Maine apna samaan, jo ki sadak pe gir gaya tha, wo sab uthaya, frame check kari ki sahi salamat hai ya nahi, thankfully wo thik thi. Maine jaldi se sab samaan uthaya, aur DTDC courrier service pahauncha.

Waha pahaunch kar maine unhein bataya ki ye parcel Lucknow jana hai, aur emergency hai toh kal hi deliver hona hai. Unhone mujhse kaha ki wo koshish kar sakte hain, har haal mein isko deliver karane ki. Kyunki 24 ghante to lagte hi hain emergency mein bhi ek parcel ko deliver karne mein. Maine unki baat ko samajhte hue kaha ki bas kal kara dena, kal se parso na ho. Unhone address manga toh maine address Soha ka diya, jo meri friend thi aur Zoya ki senior thi, ussey main pehle hi baat kar chuka tha is sab ke baare mein.

Woh parcel de kar mujhe chain ki saans aayi. Main wapas ghar aaya toh maine check kiya ki mujhe kitni chot aayi. Meri knees pe kaafi chot aayi thi, jisko dekh kar bhabhi bahaut panick karne lagi. Unhone bhaiya ko bula kar turant uski first aid kari.

Wo din beet ta chala gaya, shaam ke 7.30 baj rahe the. Aaj raat ko 12 baje unka birthday tha. Maine ye sab kar to diya tha, magar mera mann abhi bhi nahi maan raha tha. Mujhe aisa lag raha tha ki ye sab toh unhein kal milega, lekin raat ke 12 baje kaise main unhein special feel karaunga?

Bahaut sochne par main turant bhaiya ki scooty le kar nikla aur 2 pastries pack karayi, ek packet balloon ka liya, aur ek packet candles ka. Main jab ghar pahauncha toh, maine bhabhi ko halke se kaan mein bol diya tha ki, 'Aap koshish kariyega ki bhaiya raat mein mere room mein uth kar na aayein.'

'Kya baat hai bhaiya, kuch serious hai kya?' bhabhi ne meri taraf shak ki nigah se dekhte hue pucha.

'Main baad mein bataunga, lekin abhi filhaal aap mcri baat maan lijiye,' maine unhein manate hue kaha.

Main bhabhi ko bata bhi deta tab bhi koi dikkat nahi hoti, kyunki woh in sab cheezo ko samajhti thi, lekin bhaiya bhadak jaate aur ghar mein sab ko pata chal jaata.

Maine saara samaan apni wardrobe mein rakh diya aur pastries ko refrigerator mein, taaki wo pighal na jayein. Raat mein bhaiya-bhabhi ke saath dinner karne ke baad main apne room mein aaya. Maine time dekha, toh kareeb 10 baj rahe the, maine socha abhi kaafi time hai, maine kareeb 11 baje tak ka intezaar kiya, itne mein main phone dekhne laga ki wo online hain ya nahi. Yeh unka first birthday tha college mein, toh mujhe pata tha, woh shayad mere liye time nikal bhi na payein.

Maine unhein koi message ya call nahi kiya. Kuch flashbacks aa rahe the, un flashbacks ke chalte main utha, apne aap ko mirror mein dekha, aur khud se waada kiya ki,

Ye aakhiri din hai, jab main unhein yaad kar raha hoon, ye aakhiri din hai, jab main unke liye kuch kar raha hoon, ye aakhiri baar hai jab main aisi jagah hoon, jaha meri koi izzat nahi, mujhe koi fark nahi padta ki wo reply karengi ya nahi, itni saari cheezo par respond karengi ya nahi. 10 March 2016, ye aakhiri din hoga Zoya ke chapter ka meri zindagi mein, iske baad is insaan ko apni zindagi se humesha humesha ke liye nikaal dunga. Abhi bhi der nahi hui hai, nahi hui mohabbat muqammal toh kya hua, mere aagey puri zindagi hai, main usey chununga, khushi khushi chunuga.

Khud se itni baatein kar ke, apne dil aur dimaag ko majboot kar ke, maine darwaza band kiya aur lock kar diya. Iske baad maine candles floor par lagani shuru kari, aur candles ko maine 'JAAN' ka shape diya. Dus minute mein maine un candles ko lagaya aur uske baad balloon fulane laga.

Main balloon fula hi raha tha ki achanak ek balloon fatt gaya, wo kya fata meri fatt gayi ki bhaiya ko pata chal jayega. Maine 5 minutes tak door par apna kaan laga ke sunne ki koshish kari ki, koi halchal toh nahi ho rahi. Shukr tha bhagwaan ka jo kisi ko awaaz nahi aayi.

Maine 20-25 balloons fulane ke baad unhein pure floor par bicha diya, 11.45 baj rahe the. Maine socha 12 baje se pehle inhe light kar deta hu taaki 12 baje tak main unhein video bhej saku. Maine candles ko 1-1 kar ke jalaya aur room ka temperature itna zyada increase ho gaya ki mere paseene chhutne lage.

Maine candles jalane ke baad unka favorite song bajaya, *'Tera mujhse hai pehle ka naata koi.'* Us song ko bajane ke baad maine video record kari aur snapchat pe theek 12 baje post kar di, aur sath hi sath unhein bhi send kar di.

Maine ek bada sa text bhi likha tha, jo ki maine kareeb 4 din pehle hi likh diya tha, maine wo 12 baje nahi bheja. Sab 12 baje wish karte unhein, aur main nahi chahta tha ki meri wishes bheed mein kahi gum ho jayein, isliye maine socha ki, kareeb 3 baje main unhein wo message karunga.

Unhone wo videos 1.02 a.m. par dekhi, magar, koi reply nahi kiya. Maine socha shayad wo der se reply karein, jab fursat mein hongi. Phir main lete lete 3 bajne ka intezaar karne laga. Mere liye 1-1 second guzaarna bhari ho raha tha. Mujhse raha nahi gaya, maine unhein kareeb 2.45 a.m. par wo message send kar diya. Wo message itna bada tha ki agar usey padhne baith ti to kareeb 15 minutes lag jaate.

Us message ko send karne ke baad maine 10 minutes intezaar kiya. Wo online thi magar unhone mere message ko dekha tak nahi tha. Maine socha, shayad mere is pure effort ko wo nazarandaaz kar chuki hain. Na reply milne par main so gaya.

Subah meri aankh khuli toh dekha ki kareeb 4 baje unhone mere message ko dekha tha, par phir bhi koi reply nahi. Ab meri ummeed lag bhag khatm ho chuki thi.

Main college pahauncha aur maine decide kiya ki main stay back karunga, kyunki main chahta tha, jitna zyada late jau, utna achha hai, jaldi jaunga toh dimaag wahi rahega.

'Kuch hua? Usey kaisa laga? Wo khush hui tere message ko padh ke?' Pawni ne sawaal kiye.

'Nah! Abhi tak to koi reply nahi aaya, ho sakta hai busy hogi, aakhir birthday hai,' maine usey samjhaya.

'Haan, sahi keh raha hai, jisne ussey sab se zyada pyaar kiya, wo bas usi ke liye busy rahi hai itne time se,' Pawni ne taunt maarte hue kaha.

'Chhod na, mujhe jo karna tha maine kar diya, insaniyat ke naate usey thank you bolna hoga, toh woh bol degi, verna koi baat nahi, mujhe koi ummeed nahi,' maine khud ko aur usey, dono ko tasalli di.

Main keh zaroor raha tha ki mujhe ummeed nahi, mujhe ummeed wakayi mein nahi thi, bas main itna chahta tha ki, woh mujhe at least 'thank you' to bol hi dein, baaki kuch nahi chahiye ab unse.

Pura din college mein guzaarne ke baad main jab ghar aaya, maine phone dekha, to koi notification nahi Zoya ki, magar Soha ke kuch messages the.

'Anubhav, tera parcel de diya maine Zoya ko.'

Maine wo message padh ke Soha ko call kari, toh usne bataya, 'Jab maine Zoya ko apne room mein bula ke usey parcel diya toh usne pucha, kiska hai? Maine bataya ki Anubhav ne bheja hai tumhare liye. Wo parcel room se bahar le gayi aur usne usey dustbin mein fek diya. Mujhe dekh kar bahaut bura laga yaar.'

Us moment mein, us baat ko sun ke aisa laga jaise, mere andar se Zoya ke liye saari feelings khatm ho gayi thi. Us waqt mujhe ehsaas hua ki shayad maine Zoya ko pyaar kar ke duniya ki sab se badi galti kari hai. Mujhe nahi pata, bas, main bahaut buri tarah toot gaya tha, mere andar baat karne ki himmat nahi thi, maine Soha ko meri help karne ke liye thanks bola aur phone rakh diya.

Wahi ek moment tha, jab mujhe mere is relationship par closure mil chuka tha. Ab kuch baaki nahi reh gaya tha, siwaye dher saari yaadon aur kisso ke.

37
iwritewhatyoufeel

♥

Zoya mere liye kabhi ek blessing nahi ban paayi, aisi temporary blessings aati jaati rehti hain zindagi mein, lekin blessing wahi hoti hai jo aakhir tak rahe. Zoya mere liye sirf ek lesson thi. Unhone Anubhav ko anubhav karaya tha pehle pyaar ka. Unse pyaar kar ke mujhe apne pyaar ki gehraiyo ka andaza laga ki kitna pyaar karne ke kaabil hoon main. Pyaar mein kis hadd tak ja sakta hoon. Kitna gir sakta hoon, aur kitna uth sakta hoon.

Kuch sabak, jo maine seekhe:

- » Agar kisi se pyaar karte ho toh patience rakhna bahaut zaroori hai. Wo insaan ek na ek din mil hi jata hai. Lekin agar nahi mil raha hai, toh zaroorat se zyada waqt zaaya mat karo, apni zindagi mein aagey badho.
- » Kisi se pyaar karna bahaut zaroori hai, lekin har cheez kuch amount mein ho tabhi achhi lagti hai, na

zaroorat se zyada pyaar achha hota hai, na care, aur na hi apni attention dena. Zaroorat se zyada kisi ke liye kuch karoge toh ek din aata hai jab unke dil se tumhari value kam hone lagti hai aur log granted le lete hain.

» Har waqt kisi ke liye available mat raho. Apni zindagi, apna career, apni personality mat kho, unhein barkarar rakho. Log aaj hain, kal nahi, lekin apni zindagi, apna career aur apni personality, inse tumhari pehchaan hai.

» Insaano mein apni khushiya mat dhundo. Kuch pata nahi, logo ki niyat kab badal jaye, kab unke samne kaunsi majburi aa jaye aur unke raste juda ho jayein.

» Kisi se ummeedein mat lagao, kuch aa raha hai toh aane do, kuch ja raha hai toh jaane do, ummeed karoge to dil dukhega aur apni pareshani ke khud zimmedar ho jaoge.

» Waqt bahaut keemti hai, isey zaya mat karo.

» Apni self respect barkarar rakho, aisi jagah, aise insaan ke paas kabhi mat ruko jiske dil mein tumhare liye koi izzat nahi. Apni izzat apne haath me hoti hai.

» Kisi ke liye tum beshaq zaroori ho saktc ho, lekin har waqt nahi.

» Kal ke aaye hue insaan ke peeche apni saalo ki dosti mat kharab karo. Kuch pata nahi koi rahe ya na rahe, lekin agar dost anmol hain, toh unhein kisi ke liye khona mat. Unka waqt apni jagah hai, unka pyaar apni jagah hai.

» Aankh band kar ke, na pyaar karo, na bharosa. Jo jitna zyada yakeen dilata hai, aksar woh utni berehmi se todta bhi hai.

» Har insaan jo aata hai, ya toh theher jata hai, nahi toh kuch na kuch sikha ke jaata hai. Kisi ke liye dil mein koi hatred mat le kar aao. Jo jaisa karega, wo waisa bharega, bas apne karm achhe karo, baaki bhagwaan sab dekh raha hai.

» Jaise logo ka aana accept karte hain hum, waise hi jana bhi accept karna chahiye.

» Kabhi kisi ko bhulaya nahi ja sakta, log yaadon mein rehte hain, lekin ek waqt ke baad dil aur dimaag par asar karna band kar dete hain. Isliye,

» Waqt ko waqt do, sab theek ho jayega. Waqt har zakhm bhar deta hai.

Ye aur aise kayi sabak maine seekhe Zoya ke aane aur chale jaane se. Us raat ke baad Zoya ne peeche mud ke nahi dekha. Mere andar bahaut dard, baatein aur sawaal the. Lekin unka jawaab dene wala shaqs ja chuka tha, toh maine khud hi unke jawaab bana liye. Mera padhai likhai se kaafi zyada mann uth chuka tha.

Itne saare emotions jo dil mein bas chuke the, unhein kisi zariye se bahar to lana hi tha, kyunki, agar wo andar rehte toh unhein bahaut lamba waqt lag jata khatm hone mein. Mujhe likhne ka kuch khaas shauk nahi tha, lekin phir bhi maine socha ki main shayad aur kisi cheez mein behtar hoon bhi nahi. Dil tootne ke baad kaafi log kisi na kisi direction mein chale jaate hain, jisme unka interest hota hai ya jisme wo behtar hote hain. Maine apne emotions ko ek pen ke zariye likhna shuru kar diya.

Instagram 2016 mein kaafi zyada popular ho gaya tha. Meri jo personal profile thi, us par maine likhna shuru kar diya. Captions mein, jo bhi mujhe feel hota tha, main likhta tha, jo bhi baatein maine seekhi thi, mehsus kari thi, wo sab kuch.

Mere kaafi apne dost the, college ke, school ke, unhone kabhi notice nahi kiya. Magar kuch waqt ke baad jab aise comments aane lage.

'Yeh mere saath bhi hua hai.'

'Aapko kaise pata ye sab baatein? Yeh kaafi relatable hai.'

'Aap bahaut achha likhte hain, mere dil ki awaaz banne ke liye, shukriya.'

Jab ye sab padha, toh mujhe laga, shayad main ye kar sakta hoon. Main ek page bana sakta hoon. Main aise kayi logo ki madad kar sakta hoon jo mere jaisi situation mein fase hue the, aur bahar nahi aa pa rahe the. Halanki, main khud puri tarah se bahar nahi aa paya tha, lekin mujhe itna zaroor pata tha ki sahi kya hai, aur galat kya.

Maine ek community page banaya, Iwritewhatyoufeel naam se. Is naam ke peeche ki wajah sirf logo ki feelings ko express karna tha. Ek aisi community jaha sab jaan sakenge ki unke mann mein jo pareshani hai, ussey wo kaise overcome karein, kaise wo bahar nikal payein, kaise unke sawaalo ke jawaab mil payein.

Iwritewhatyoufeel par maine din raat likhna shuru kar diya. Jab logo ko pasand aane laga, aur unhone share karna start kiya, toh mere page ki growth hui aur kareeb 25,000 log jud gaye. Jab bhi kisi ke mann mein koi sawaal hota tha, main unki madad karta tha, kyunki logo ko vishwaas hone laga tha meri posts dekh kar ki main unki madad kar sakta hoon.

Idhar, mera saara dhyaan ab Zoya ki taraf se hat ta ja raha tha. Unhone kabhi un wishes ka koi reply nahi diya. Mujhe kabhi kabhi bura lagta tha ki, 'Yaar main kam se kam ek thank you to deserve karta hi tha.'

July ka mahina aa gaya, ek arsa beet chuka tha ab. Main bhi us sab se ubhar aa raha tha, mushkil tha, par aa raha tha. Wahi same college life start ho chuki thi, yeh college ka last year tha. Mujhse college mein kayi log puchte the ki, koi message ya call aaya, toh main humesha mana kar deta tha, aur unse keh deta tha ki,

'Ab is sab ke baare mein baat karne ki zaroorat nahi, kyunki ja chuki hai wo, ab nahi hai zindagi mein.'

Mujhe kaafi convince kiya jata tha dusri ladkiyo ko dekhne ke liye. Pawni har baar kisi nayi ladki ko point kar ke puchti thi, 'Bro, yeh kaisi rahegi? Sundar hai, dekh le, kya mast jodi hogi tum dono ki.'

'Abey oh! Jeevansathi.com. Bhai band kar tera ye marriage bureau. Apan single hi theek hain, jab koi achhi ladki milni hogi, mil jayegi. Chain ki saans lene de ab,' main ussey irritate ho kar kehta.

Aisi baatein, hasi mazaak chalte rehte the humare, magar phir ek din.

Yahi koi raat mein 9.43 baj rahe the. Ek haath mein coffee ka cup liye, main apni Instagram ki feed scroll kar raha tha. Tabhi achanak mere phone par ek notification aayi.

'New WhatsApp message from Zoya.'

Mujhe apni aankho par vishwaas hi nahi hua ki aakhir ye kaise possible hai. Zoya Khan ne mujhe message kiya? Itna guroor tha ki kabhi wapas mud ke nahi dekhti thi us insaan ko jise ek baar peeche chhod diya. Aaj unka message mere paas kaise. Dus minutes tak main us notification ko yuhi hold karke sochta raha. Phir maine neeche kar ke dekha toh, 'Hey' tha.

Maine bahaut socha ki kya mujhe reply karna chahiye? Phir socha ki chalo dekhte hain, aaj itne mahino baad kya hai unke paas kehne ko. Maine unhein reply kiya.

'Hi' ek bahaut simple sa reply kiya.

'Kaise ho tum? Ghar par sab kaise hain? Mummy, papa, bhaiya, bhabhi?' unhone ek hi message mein sab pucha.

Mujhe laga, aaj achanak inhein kya padi hai sab ke haal chaal lene ki.

'Sab theek hain, aap bataiye, mummy, bhai, sab kaise hain,' maine bhi formality mein puch liya.

'Sab badiya hain,' unhone smile karne wali emoji banate hue bheja.

Phir maine unhei koi reply nahi kiya, kyunki mujhe samajh hi nahi aa raha tha ki aakhir kyun aayi hain ab wo laut ke.

'Actually mujhe kuch kehna tha tumse,' Zoya ne phir se message kiya.

'Han bolo?' maine pucha.

'Humne pyaar ke chakkar mein apna bond kharab kar liya, shayad dosti se zyada achha koi rishta nahi hota. Kya hum phir se dost ban sakte hain?' unhone mere aagey dosti ka haath badhate hue pucha.

Dosti? Kis baat ki dosti? Ek achha aur bharosemand insaan banna padta hai dosti rakhne ke liye, aur ye mujhse dosti mangne aayi hain aaj. Mujhe us message ko padh ke itna gussa aaya. Pure 4 saal ki picture mere samne aa gayi thi ki kaise mujhe dosti ke liye itna tadpaya gaya tha, kaise pyaar kiya gaya tha, aur phir kaise dhokha de kar berehmi se dil toda gaya tha.

Aaj main agar is insaan ki dosti bhi apna lunga na, toh meri izzat puri tarah se khatm ho jayegi. Main kaise bhool jau ki is insaan ne mere saath kya kuch nahi kiya tha. Kaise insaan ka dost ban jau. Woh message mere samne tha, woh online thi, wo intezaar kar rahi thi is message ka jo ab main unhein bhejne wala tha. Unhone socha hi hoga ki shayad iski apni koi izzat toh hai nahi, iske saath jaisa suluk karlo, ye kabhi na toh kahega nahi, aakhir pyaar karta hai, pyaar insaan ki kamzori jo hoti hai.

Itna sab kuch sochne ke baad, bahaut himmat kar ke, maine apne dono anghute aagey badhaye, keyboard pe type kiya,

'*NO*'

Aur bhej diya ...

to be continued...

postscript

♥

Yeh thi meri kahaani, aur shayad kuch hissa aapki kahaani ka bhi. Main apne aap ko nikaal paya us daur se jab Zoya ne mujhe chhoda tha. Lekin, ho sakta hai, aap abhi bhi fase hue honge, us dard ko bardasht kar rahe honge jo dard aapke apno ko khone se mila. Aapko apne zakhmo ko aur khud ko, theek hone ke liye waqt dena hoga, tab tak koi galat kadam mat uthana. Aisa kadam jo na sirf aapko hurt karega, balki aapki family, friends aur sabhi logo ko karega, jo aapke apne hain. Ho sakta hai aapke andar ab jeene ki ichha bhi khatm ho rahi ho, lekin yahi wo waqt hai jab aapko ummeedein barkarar rakhni hain. Aakhir mein sab theek ho jata hai, aur jo aapke liye best hai, wahi hota hai. Waqt ko thoda waqt do, sab theek ho jayega.

Apne dard ko apni taakat banao, jo bura hua ussey seekho, aur apni zindagi mein aage badho, bina give up kiye.

acknowledgements

♥

The first thing I'd like to do is pray to the divine light and my beloved Guruji for everyone's well-being. I would also like to thank him for giving me the strength to write and complete this novel. I couldn't be more grateful, Jai Guruji.

I would like to extend a special thanks to Saloni, my confidante, my love, my motivator. You have played many roles, Saloni, and I cannot thank you enough for the support and encouragement that you have given me throughout.

One's family is often the most supportive component in one's life, and such is the case with me. I have always adored them and always will. I am very grateful to you, Maa, Papa, Bhaiya and Bhabhi for supporting me and being my backbone. I wouldn't have been able to stand without you all. Thank you for everything.

Last but not the least, I'd like to extend a very big thanks to my audience on various social media platforms. You have supported me day in and day out over the past four years. We grew from a community of zero to a community of three million on all platforms. I can't thank you all enough. This novel is dedicated especially to all my followers who have been with me, supported and motivated me through all the ups and downs.

This book, this community and I wouldn't have been possible without you all.

about the author

Writer, poet and social media influencer Anubhav Agrawal is the founder of Iwritewhatyoufeel®, an online poetry community which has over three million followers on social media.

He earned his Master of Business Administration degree before embarking on a journey as a writer. What started as a hobby soon became his passion, and now he writes to heal people with broken hearts and hopes.

You can follow him:

Website: anubhavagrawal.com

Instagram: @iwritewhatyoufeel

Facebook: iwritewhatyoufeel

YouTube: anubhavagrawal

Ek GHAR Se dusre ghar jate hue
aap sab se Kuch Kahena chahti hu
Ek Aachi beti to bam gai.
ab Ek achi bahu banana chahungi.
Aap sabse mujhe bahut Kuch mila hai.
Jate hue aap sabse kuch kahena
chahungi. → Sincerely

ज़ुंदगी का पैहला पण्णा शुरू होता है मेरे प्यारे
पापा से.
सब कैहते है बेटीया पापा की लाडली होती है
वैसे ही मै मेरे पापा की लाडलीड़, हेना?,
पापा कभीकै नही पाई. पर प्यार करती हु,
Thank you so much for everything.
प्यारने मुझे शलना शीखाया. और हमेशा
मम्मी की डाट सेंबी वचाया. पापा आपने
मेरी शादी के बहोत सपने संजोये है, और अब
हे वक्त आ गया है, मै जब नयी शुरूआत करने
भ रही हु. आप शीता मत करना वहा पर भी
मेरे एक पापा है जो हमेशा मेरा साधु देंगे, जा
आप देनो का प्यार मेरे साध रहे रहे.

ज़ुंदगी का दूसरा पण्णा शुरू होता है मेरी प्यारिम
से. जुनही ने मुझे अपने लाडकुल्लार से बडा
है, और मुझ पर कदैम प्यार बरसाया है, और
ग़लती करने पर डाट के प्यार से समझाया भी है, ज
शादी के दीन नजदीक थी न तब मत ने बडात स
प्यार थे. खुशी के नाम है . कर के. पर आंबस ज

એકદી જ્યાન પા મગ સે કી મૈ આપકે બીના
કૈસે કર પાઊગી હૈ સબ, આપ જૈસે જિમ્મેદારી
સંભાલતી હૈ મૈ કૈસે સંભાલ પડિગી,
મમ્મી I love you So much.

મેરી જિંદગી કા તીખાર પણા, યે મેરી મુસ્કરાહટ
કી વજહ ભી હૈ ઔર મેરી પરેશાની કી સાથી ભી
હૌ હૈ મેરે પ્યારે ભાઈ, બહેન ઔર ભાભી યે
ના હોતે તો બોઝાન દાગે કી સાથી કઈ ના
પાતી, યે ના હોતે તો કિસી પર આપના
ઇક જના કી ના પાતી, હમેં બસ એક
મૌકા મીલના ચાહીથી, મુઝે ચીજને કા ઔર
પરેશાન કરનેકા, સદીયા બીત જાયેગી હમસે
એક કોમ્પલીમેંટ પાને મે કી તૂ અચ્છી લગ રહી
હૈ, પૈકીન મભલ ક કિસી ક સામને મેરા
સર ઝુકને હૈ, બસ મેરે દોસ્ત કી ખુશીયાલી
રહ દીંઈ હૈ, રબ ભાઈ સબ કુછ તેરી
બહેન પરાઈ, પર કભી મત ભુલના સબ રીશતો
પર ભારી, હૈ ભાઈ, બહેન કી યારી,

સબ ભારી થાતી હૈ મેરી પ્યારી બ
તેરા યાર,
ભાઈ, બહેન, ભાભી દીરા મારા
બાપા,
જ્યા,
માગા, માશી,
વાસુ બાપા, મોટી મમ્મી, કસમરૂપ પપ્પા,
જયગા મમ્મી, માશી, સબ હો આપકે
લીયે.

બાલ બગીચા તેરી છોડી.

તમારા બધાના લાડે મને બગાડી છે.
મે તમારા બધા પાસેથી સારા સંસ્કાર શીખ્યા
બા, મામા, માશી, માભી. હવે વેકેશન તમ
તમારા ઘરે મજા કરવાની અને વેકેશન જવ
ચાહો હંમેશા મારી સાથે રહેશો.
ભીડી.

મોટી મમ્મી. વાસુબાયા. નયના મમ્મી. ઇસંભુબ
તમે મને હંમેશા સાસ ર
તમે મને આંગળી પકડીને ચાલતા શીખ
હવે તમારી નાનકડી ઢીંગલી એટલી મોટી થઈ
છે કે હવે સાસરી સંભાળ સે. તમને ભાવ
માં નથી આવતુને, મને પડા નઈ.

આજવા જુવણાની શરૂઆતમાં હું તમારા આશી
માંગુ છું

1) આજ જ્યારે હું એક ઘરેથી બીજા ઘરે જઈ રહી છું
ત્યારે મારા ફેમીલી ને કઈ દેવા માંગુ છું. તમારા બધાન
લાડલી તો બની ગઈ. હવે દુલ્હન બની. કુકુમ
પગલે મારા સાચા ઘરે લક્ષ્મી ચલા થઈ રહી છું.
તમે બધારૂ મને ખૂબ લાડથી ઉછેરી છે. તો જતો
વખતે મારા દીલની લાગણી તમને કેવા માંગુ છું.

Sweety ke Sumalve

પપ્પા, બહુ લેવુ છે છે કે દીકરીઓ પરણી ભણ્યા વ્હાલી
હોય છે. હું પણ તમને વ્હાલી છું ને, હું ને?
પપ્પા. આજ સુધી કહી કીધું નથી. પણ આજે
કહું છું Thank you so much for everything.
તમે મને હંમેશા બાબીના ગુસ્સાથી બચાવી છે.
આજે જ્યારે હું પારકી થવા જઈ રહી છું, ત્યારે
હું ભગવાનને પ્રાર્થના કરીશ કે ભગવાન મને તમારી
દીકરી વ્હાલ સીમાઝ દરેક જનમમાં આપી
અઢાળીયા

પ્રેમ
③ મમ્મી. તે મને ખુબ જ પ્રેમ વ્હાલ ની મોટી
કરી છે. મને સ્ત્રી તારો પ્રેમ મળ્યા છે
અને હા, ભુમ હોય તો પ્રેમ થી, સમજવી ને પડ્યા છે.
ગુસ્સો કરીને
જેમ જેમ આ
દીવસ નજીક આવતાતા, તેમ મારા મનમા
હજારો વીચારો હતા, ખુશીના, દુઃખ ના, ડર ના,
પણ સૌથી વધારે મારા મગજમા એકજ વીચાર હતો
હું આ બધુ તારા વગર કેમની કરીશ ? તે જેમ
આ ઘરને સાચવી છે જેમની સાથે છે તેમ હું
બધા કરશે ચાલતે આકડ ની જેમ બધાને
જોડી ને રાખે છે તેમ હું કરી શકીશ ને.
મમ્મી. આઈ લવ યુ સો મચ.

④ પીગડ, તારા માટે તો શું કહું તુ તો મારો ભુવકે.
જો તુ ના હોત ને તો હું હોત ને વાધરી કઈક
ના શકત, હું કોઈ ને ઓકેઝ ખાપીને
ના શકત હું પાણી ખાપને, બાદ કરે,
જ્યારે મને ઓક કરી આવા ની દરેક વખત
તો તને લાખોરે કેતી છે મારા માટે ખાસઈ રાખીશ?

તુ ભી તો ખુશ પણ રહેના માટે મારે
તને કે ભગવાન લાગ કે તા I am so lucky

ભગવાન મને બધા જનમમા તારી જ બેન
બનાવે દરેક, મમ્મી પધ્ધાકુ ધ્યાન રાખશે.
અને હ ભગવાન ને પ્રાર્થના કરીસ કે તને હમ્મેશ
બધી જ ખુશીઓ મળે.

I love you pigdu and thank y__
so much for always being with me __
wiping my tears when I needed th__
most.

મને હજુ યાદ છે. હ ડોયડા ઉપર બેસીને __
નાની વાત પર રડતી અને તુ વારુમા આવી__
બેઠો, અને મને દીધુ. દીદી તુ આભ કરીસ તો હ સુ__
મને કરવુ આવશે. __ ___ ત્યારે __ __ __
__ હ પણ તારા માટે __ important __
___ જેટલી તુ મારા માટે. આઈ પ્રોમિસ કે
જ્યારે તને મારી જરૂર પડી તારે કેદ્ બઈ પડે એ __
હ તારી જોડે રહીશ. હોત્લે અોરતુ જ કરીશ
ખાલ ભાઈ સવ કઈ તેરી બહેન પરાઈ પર __
મત ભુલના, સબ રીસ્તી પર ભારી. યે ભાઈ બહેન
પ્યારી

પાર્થભાઈ. લ્યુમી ભાભી, અનેરી દીદી.
ભાવ્યી દીદી શુભમ્ __ લોકુ ભાઈ. રીઝલ દીદી. કૌશલ__
મીતલ શુભમ, __ __ લોકુ ભાઈ. રીઝલ દીદી. કૌશલ__
તીર્થ. કરીણા. ભાઈ. હેદ્મુ, નીતીક.
ખા બધા __ __ ખુશી નુ કારણ પણ છે અને __
__ __ કરણ કરવા માટે હમ્મેશા

મારી smile નું કારણ પડ્યા છે અને ~~સાચ~~ ~~કુ~~
~~આપેલા~~ ~~હું~~ મને ઠેકાણ કરવા મારી તો always
ready. આ ઊભી ઊંડી ભી અ કૌગરસીનેટ લેવા
માં સદીયો નીકળી જશે. પડ્યા કોઈજી સામે માર
નીયુ ના પડવા છે. ~~ભગવાન~~ ને સૌરવી ભગવાન
મારી ખુશીયો પડ્યા આ બધા ને આપે. તમારા
વગર સાથે જ મારી life અધુરી છે. હું
તુ તો મારા ગુવધીય વહાલો છે. ~~I love you~~

~~આ~~ ~~મીઠી~~ ~~પાઈ~~ ~~ને~~ ~~ભાળ~~ ~~હું~~ ~~નાનો~~ ~~હતો~~ ~~ને~~ ~~માર~~ ~~માળે~~
~~જ્યારે~~ ~~મારી~~ ~~સાથ~~ ~~રેવાનો~~ ~~chance~~ ~~જાતો~~ ~~મળતો~~
~~જ્યારે~~ ~~હું~~ ~~રડતો~~ ~~તી~~ ~~છું~~ ~~પડ્યા~~ ~~હું~~ ~~તળે~~

~~ભાગ~~ મમ્મી તળી રાવાર છે. ~~ત્યારે~~ ~~રાત~~ જેમ જેમ
~~છબ~~ દીવસ નજ્જુક આવતો તો એમ મારા
~~નેળાગ~~ માં કમરી વીચાર આવતાતા ખુશીના.
~~ત્યાર~~ દુખના. જર ના પડ્યા સૌથી વધારે એક
જ વીચાર કરી જેમ તી ~~ખરાર~~ ~~ખર~~ બધાને સાચવ
પ્રમથી સાચવા છે એમ હું સાચી શાેશા છે
મમ્મી ~~ત્યા~~ I love you somuch

મારા બધા કઝીસ. ~~યા મારી~~ ખુશીનુ કારણા પણ તો
તમેબધામારી

અને મને ડિઝાન કરવા મારે તો always ready.
આ ફોટો જોડે થી કૌગ્રટ્લૂમેન્ટ લેવા મારે તો ~~~~
નીક્કી જસે પણ કૌઈની સાથે મારૂ ખીચુ નહી ~~~~
તમારાબધાલાગર તો ~~માટે કાર્ડ~~ સાથેજ અધુરૂરૂ છે.
કિટુ, તૂ તો મારો ગુલ છે. I love you baby

ગાળવી પીળાઙ

પીળાઙ, Thank you for making my heart
smile and my eyes shine. જ્યારથી
તમે મારી life માં આવા છો. you have made
everything so beautiful. I love you
to the moon and back. more than
myself.

કિટુ એ પરીવાર ની વાત કઝીસ કે ઈમેશા ઈજોશા મારે
માટે થયા જ રહ્યુ છે.

પીળાઙ. Thank you so much મને આગલી
family લાવવા મારે.

પ્રેમ નો બીજુ નામ પરિવાર. પીનાક તમે
મન સાચવ્યા પ્રેમ આપ્યો અને આર ને
સુંદર પરીવાર આપ્યો. આ એ પરિવાર
કંમેશા હંમેશા ભારે ભાશે થવા જઈ
રહ્યો છે. પરા એ તમારા બે દીકરાતો
હતા હવે એક દીકરી પણ છે.↑પ્રજ ભઈ
તમે ને હું તો always રહેક દીલમા.

Pinak . Thank you for making
my heart smile and my eyes
shine. જ્યારથી તમે મારી life મા
આવ્યા છો. you have made everything
So beautiful. I love you to the
moon and back. હું શામ્રા
I will be with
you forever. Thank you so much
for choosing me અને હા તમે
જ્યા જસો, હું ત્યા.
તમારી
કાય પકડી ને તમારી શોધે સાહેક.

કોઈ રોક સકે ની
રોક લો

પપ્પા → મઘાણીયા

મમ્મી → યે ગલીયા ટે. ચોબારા

ભાઈ → મેરકના મે લીરે બીણા.

ભાઈ, બઈણ, ભાઈ → તુ હે તુ ખાઈ.

last →

લઈક રઈક ગાઝી સે પલીમે.

Janvi
Pinak

Pinak
love
Janvi

9 789390 279852